Réparer les Murs de sa Maison
Par : Collection Plus Simple la Vie
©2024

Table des Matières

Introduction

Maintenir les murs de votre maison en bon état est essentiel pour garantir sa stabilité et sa sécurité. En tant qu'éléments structurels fondamentaux, ils doivent être entretenus régulièrement afin de prévenir les dommages coûteux et les risques pour la sécurité.

Ce guide pratique vous accompagnera étape par étape dans l'identification, l'évaluation et la réparation des dommages courants tels que les fissures, les trous ou autres signes de détérioration. Grâce à des conseils clairs et des solutions adaptées, vous pourrez restaurer l'intégrité de vos murs et préserver la valeur de votre maison.

Évaluation des dommages

Identifier les types de dommages (fissures, trous, décoloration, etc.)

Voici les différentes formes de dommages pouvant affecter les murs de votre maison :

Fissures

Fissures superficielles

Les fissures superficielles sont généralement des fissures fines qui apparaissent à la surface des murs. Voici quelques caractéristiques et causes courantes de ces fissures :

Caractéristiques

Elles sont généralement fines et peu profondes.

Elles peuvent être verticales, horizontales ou en diagonale.

Elles sont souvent localisées à la surface du revêtement, tel que la peinture ou le plâtre.

Causes courantes

Retrait normal du matériau : Les matériaux de construction, tels que le plâtre ou le béton, peuvent se contracter légèrement avec le temps, ce qui entraîne des fissures superficielles.

Mouvements mineurs de la structure : Les mouvements mineurs de la fondation ou des éléments structurels peuvent provoquer des fissures superficielles.

Variations de température : Les changements de température peuvent entraîner une expansion et une contraction des matériaux, créant ainsi des fissures.

Bien que les fissures superficielles ne soient généralement pas un motif d'inquiétude majeur, il est important de les surveiller et, si nécessaire, de les réparer pour éviter toute détérioration ultérieure.

Fissures structurelles

Les fissures structurelles sont des fissures plus importantes qui peuvent indiquer des problèmes sous-jacents dans la structure de votre maison. Voici quelques caractéristiques et causes courantes de ces fissures :

Caractéristiques

Elles sont généralement plus larges et plus profondes que les fissures superficielles.

Elles peuvent être observées à différents endroits de la maison, y compris les murs intérieurs et extérieurs, ainsi que les fondations.

Elles peuvent être accompagnées de déformations ou de mouvements visibles dans les murs ou les planchers.

Causes courantes

Mouvements du sol : Les changements dans la composition du sol, tels que le tassement ou l'expansion, peuvent exercer une pression sur la fondation de la maison, entraînant des fissures structurelles.

Charge excessive : Des charges excessives sur la structure de la maison, telles que des extensions ou des rénovations mal conçues, peuvent provoquer des fissures.

Mouvements sismiques : Dans les régions sujettes aux tremblements de terre, les mouvements sismiques peuvent causer des fissures structurelles.

Les fissures structurelles nécessitent une attention immédiate, car elles peuvent indiquer des problèmes sérieux pouvant compromettre la sécurité et la stabilité de votre maison.

Trous

Petits trous

Les petits trous dans les murs peuvent être assez courants et sont souvent faciles à réparer. Voici quelques caractéristiques et causes courantes de ces petits trous :

Caractéristiques

Ils ont généralement un diamètre de quelques millimètres à quelques centimètres.

Ils peuvent être causés par des clous, des vis ou des objets pointus.

Ils sont généralement peu profonds et ne compromettent pas l'intégrité structurelle du mur.

Causes courantes

Accrochage d'objets : Des petits trous peuvent être laissés derrière lorsque vous accrochez des cadres, des étagères ou d'autres objets aux murs.

Retrait de clous ou de vis : Lorsque des clous ou des vis sont retirés des murs, ils peuvent laisser derrière eux de petits trous.

Impact mineur : Les impacts mineurs, tels que les chocs avec des meubles ou des objets, peuvent également causer des petits trous.

Bien que les petits trous puissent sembler insignifiants, il est important de les réparer pour maintenir l'intégrité de vos murs et éviter toute détérioration ultérieure. Ces réparations sont généralement simples et peuvent être effectuées avec des matériaux de remplissage courants tels que le mastic ou le plâtre.

Grands trous

Les grands trous dans les murs peuvent être plus complexes à réparer, mais il est tout de même possible de les aborder efficacement. Voici quelques caractéristiques et causes courantes de ces grands trous :

Caractéristiques

Ils ont généralement un diamètre de plusieurs centimètres à plusieurs dizaines de centimètres.

Ils peuvent être causés par des impacts importants, des accidents de construction ou la nécessité de retirer une partie du mur pour accéder à des éléments cachés.

Ils peuvent compromettre l'intégrité structurelle du mur et nécessiter une réparation soignée pour restaurer sa solidité.

Causes courantes

Accidents : Des accidents domestiques tels que les chocs avec des meubles ou des objets lourds peuvent causer de grands trous dans les murs.

Dommages structurels : Des mouvements de fondation, des infiltrations d'eau ou d'autres problèmes structurels peuvent également entraîner de grands trous dans les murs.

Travaux de rénovation : La nécessité de retirer une partie du mur pour accéder à des câblages, des tuyaux ou d'autres éléments cachés peut également entraîner de grands trous.

Réparer les grands trous nécessite généralement un processus en plusieurs étapes, notamment le remplissage du trou avec un matériau de remplissage approprié, le renforcement de la zone endommagée si nécessaire, puis l'application de couches de finition pour lisser la surface du mur.

Décoloration

Taches d'humidité

Les taches d'humidité sur les murs sont souvent des signes visibles de problèmes d'humidité à l'intérieur de la maison. Voici quelques caractéristiques et causes courantes de ces taches :

Caractéristiques

Elles apparaissent généralement sous forme de taches sombres, jaunâtres ou verdâtres sur la surface des murs.

Elles peuvent être localisées à des endroits où l'humidité est plus susceptible de s'accumuler, tels que près des fenêtres, des portes ou dans les coins des pièces.

Elles peuvent s'accompagner d'une odeur de moisi ou de mildiou dans la pièce.

Causes courantes

Infiltrations d'eau : Les taches d'humidité peuvent être causées par des infiltrations d'eau à travers le toit, les murs extérieurs ou les tuyaux.

Condensation : La condensation peut se former sur les murs en raison d'une mauvaise ventilation ou d'une isolation insuffisante, créant ainsi des taches d'humidité.

Fuites internes : Les fuites de plomberie ou les problèmes de drainage à l'intérieur des murs peuvent également entraîner des taches d'humidité.

Il est important d'identifier et de traiter la source de l'humidité pour éviter toute détérioration supplémentaire des murs et pour prévenir la croissance de moisissures et de mildiou. Une fois la cause de l'humidité résolue, les taches peuvent être traitées avec des produits anti-moisissures et repeintes si nécessaire pour restaurer l'apparence des murs.

Décoloration due au vieillissement

La décoloration due au vieillissement des murs est un phénomène naturel qui survient avec le temps. Voici quelques caractéristiques et causes courantes de ce type de décoloration :

Caractéristiques

Elle se manifeste généralement par un changement progressif de la couleur ou de la teinte des murs.

Elle peut être observée sur différents types de revêtements, tels que la peinture, le papier peint ou le plâtre.

Elle peut être plus prononcée dans les zones exposées à la lumière du soleil ou à d'autres éléments environnementaux.

Causes courantes

Exposition aux éléments : L'exposition continue aux rayons UV du soleil, à l'humidité, à la poussière et à d'autres éléments environnementaux peut entraîner une décoloration des surfaces murales.

Vieillissement naturel des matériaux : Les matériaux de construction, tels que la peinture ou le papier peint, peuvent se dégrader avec le temps en raison de l'usure normale, ce qui entraîne une décoloration.

Réactions chimiques : Certaines réactions chimiques entre les matériaux de construction et les agents environnementaux peuvent également contribuer à la décoloration des murs.

Bien que la décoloration due au vieillissement soit inévitable, il est possible de minimiser son impact en entretenant régulièrement les murs et en utilisant des matériaux de qualité lors de la construction ou de la rénovation. En outre, repeindre les murs ou appliquer un nouveau revêtement peut aider à rafraîchir l'apparence des surfaces affectées par la décoloration.

Autres dommages

Cloques de peinture

Les cloques de peinture sur les murs sont des déformations qui se produisent sous forme de petites bulles ou de bosses sur la surface de la peinture. Voici quelques caractéristiques et causes courantes de ces cloques :

Caractéristiques

Elles se présentent sous forme de bulles ou de bosses sur la surface de la peinture, généralement de petite à moyenne taille.

Elles peuvent être accompagnées d'un aspect ridé ou craquelé de la peinture environnante.

Elles sont souvent plus visibles sur les surfaces exposées à l'humidité, telles que les salles de bains ou les cuisines.

Causes courantes

Humidité excessive : L'humidité dans l'air ou les infiltrations d'eau à travers les murs peuvent provoquer la formation de cloques de peinture.

Application sur une surface humide : Appliquer de la peinture sur une surface humide ou non préparée peut entraîner la formation de bulles.

Réaction chimique : Certaines réactions chimiques entre la peinture, le substrat et d'autres substances peuvent également provoquer des cloques.

Pour remédier aux cloques de peinture, il est généralement nécessaire de retirer la peinture endommagée à l'aide d'un grattoir ou d'un papier de verre, de traiter la surface sous-jacente si nécessaire, puis d'appliquer une nouvelle couche de peinture de manière appropriée. Il est important de résoudre tout problème d'humidité sous-jacent pour éviter que les cloques ne réapparaissent.

Détérioration du plâtre ou du placoplâtre

Le plâtre et le placoplâtre sont tous deux des matériaux de construction largement utilisés dans l'industrie du bâtiment. Voici leurs définitions :

Plâtre

Le plâtre est un matériau de construction composé principalement de gypse calciné, mélangé à de l'eau pour former une pâte. Une fois appliqué sur une surface, le plâtre durcit en séchant, créant une finition lisse et solide. Le plâtre est couramment utilisé pour la construction de cloisons intérieures, de plafonds et pour le revêtement de murs. Il est également utilisé dans la fabrication de moulures et de décorations architecturales.

Placoplâtre (ou plâtre cartonné)

Le placoplâtre est un matériau de construction composé d'une âme de plâtre recouverte de deux feuilles de carton. Il est disponible en différentes épaisseurs et tailles pour s'adapter à une variété d'applications. Le placoplâtre est utilisé pour la construction de cloisons intérieures, de plafonds, de revêtements de murs et pour d'autres applications de construction légère. Il est apprécié pour sa facilité de manipulation et d'installation, ainsi que pour sa capacité à offrir une isolation acoustique et thermique.

La détérioration du plâtre ou du placoplâtre peut être un problème sérieux et nécessite une attention immédiate. Voici quelques caractéristiques et causes courantes de ce type de dommage :

Caractéristiques

Affaissement ou effritement du plâtre ou du placoplâtre.

Présence de fissures importantes ou de déformations visibles sur la surface.

Décollement du plâtre ou du placoplâtre de la structure sous-jacente.

Causes courantes

Humidité : L'exposition à l'humidité excessive peut affaiblir le plâtre ou le placoplâtre, entraînant sa détérioration.

Fuites d'eau : Les fuites de plomberie ou de toiture peuvent saturer le plâtre ou le placoplâtre, provoquant sa dégradation.

Dommages structurels : Des mouvements de fondation, des charges excessives ou d'autres problèmes structurels peuvent endommager le plâtre ou le placoplâtre au fil du temps.

Pour remédier à la détérioration du plâtre ou du placoplâtre, il est souvent nécessaire de retirer les zones endommagées, de réparer la structure sous-jacente si nécessaire, puis de replâtrer ou de replacoplâtrer la surface. Il est également important de résoudre toute source d'humidité ou de fuite pour éviter que le problème ne se reproduise.

Déterminer la cause sous-jacente des dommages (humidité, mouvement structurel, etc.)

Déterminer la cause sous-jacente des dommages aux murs est essentiel pour effectuer des réparations efficaces et prévenir de futurs problèmes. Voici quelques étapes pour identifier les causes potentielles :

Inspection visuelle : Examinez attentivement les dommages pour repérer les signes de problèmes tels que des taches d'humidité, des fissures ou des déformations. Identifiez également les zones adjacentes aux dommages pour repérer d'autres signes de détérioration.

Historique des problèmes : Si possible, interrogez les occupants précédents ou examinez les antécédents de la maison pour savoir s'il y a eu des problèmes d'humidité, de fuites ou de mouvements structurels dans le passé.

Test d'humidité : Utilisez un hygromètre ou une sonde d'humidité pour mesurer le niveau d'humidité dans les zones affectées. Des niveaux d'humidité élevés peuvent indiquer des fuites d'eau ou des problèmes d'humidité.

Inspection des systèmes : Vérifiez l'état des systèmes de plomberie, de chauffage, de ventilation et de climatisation pour détecter d'éventuelles fuites ou problèmes de condensation.

Évaluation de la structure : Examinez la structure de la maison, y compris les fondations, les poutres et les murs porteurs, pour repérer les signes de mouvements structurels, tels que des fissures importantes ou des déformations.

En identifiant la cause sous-jacente des dommages, vous pourrez prendre des mesures appropriées pour les réparer et mettre en œuvre des solutions préventives pour éviter qu'ils ne se reproduisent à l'avenir.

Inspection visuelle

L'inspection visuelle est une étape très importante pour identifier les causes sous-jacentes des dommages aux murs. Voici quelques points à prendre en compte lors de cette inspection :

Fissures : Recherchez des fissures sur les murs intérieurs et extérieurs. Notez leur taille, leur emplacement et leur orientation. Les fissures horizontales peuvent indiquer des problèmes de fondation, tandis que les fissures verticales peuvent résulter de mouvements de la structure.

Taches d'humidité : Repérez les taches d'humidité ou de moisissure sur les murs. Notez leur emplacement et leur étendue. Les taches d'humidité peuvent indiquer des fuites d'eau ou des problèmes d'humidité.

Décoloration : Observez toute décoloration ou changement de teinte sur les murs. Cela peut être dû à l'exposition à l'eau, à la lumière du soleil ou à d'autres éléments environnementaux.

Cloques de peinture : Examinez les zones où la peinture a formé des cloques ou des bulles. Cela peut être causé par l'humidité, des réactions chimiques ou une mauvaise application de la peinture.

Détérioration du plâtre ou du placoplâtre : Recherchez des signes de fissures, d'effritement ou de décollement du plâtre ou du placoplâtre. Cela peut indiquer des problèmes d'humidité, des mouvements structurels ou des dommages physiques.

En prenant des notes détaillées et en prenant des photos pendant l'inspection visuelle, vous pourrez mieux comprendre les causes des dommages aux murs et prendre des mesures appropriées pour les réparer.

Historique des problèmes

L'historique des problèmes est une source précieuse d'informations pour comprendre les causes sous-jacentes des dommages aux murs. Voici quelques étapes pour recueillir et analyser cet historique :

Discutez avec les occupants actuels et précédents : Parlez avec les occupants de la maison pour savoir s'ils ont remarqué des problèmes tels que des fuites d'eau, des taches d'humidité ou des fissures dans les murs. Les occupants précédents peuvent également avoir des informations sur les réparations antérieures ou les problèmes structurels.

Examinez les documents d'entretien : Consultez les dossiers d'entretien de la maison pour savoir si des réparations ou des travaux ont été effectués sur les murs par le passé. Cela peut inclure des réparations de plomberie, des travaux de rénovation ou des inspections de fondation.

Recherchez les antécédents de la maison : Faites des recherches sur l'historique de la maison pour savoir si elle a subi des inondations, des tempêtes ou d'autres événements météorologiques extrêmes dans le passé. Cela peut vous donner des indications sur les problèmes potentiels liés à l'eau ou à la structure.

En recueillant et en analysant ces informations, vous pourrez obtenir un aperçu plus complet des problèmes potentiels auxquels vous pourriez être confronté et vous aider à identifier les causes sous-jacentes des dommages aux murs.

Test d'humidité

Effectuer un test d'humidité est une étape importante pour déterminer si l'humidité est une cause sous-jacente des dommages aux murs. Voici comment procéder :

Choisissez un hygromètre : Un hygromètre est un appareil utilisé pour mesurer le niveau d'humidité dans l'air. Vous pouvez en acheter un dans un magasin de bricolage ou en ligne. Assurez-vous de choisir un hygromètre fiable et précis.

Sélectionnez les zones à tester : Choisissez les zones où les dommages aux murs sont les plus visibles ou les plus préoccupants. Concentrez-vous sur les endroits où des taches d'humidité sont présentes ou là où vous avez observé des signes de détérioration du plâtre ou du placoplâtre.

Effectuez les mesures : Placez l'hygromètre dans les zones sélectionnées et suivez les instructions du fabricant pour effectuer les mesures. Assurez-vous de laisser suffisamment de temps pour que l'hygromètre stabilise sa lecture, généralement quelques minutes.

Interprétez les résultats : Comparez les lectures de l'hygromètre avec les niveaux d'humidité recommandés pour l'intérieur d'une maison, généralement entre 30% et 50%. Des niveaux d'humidité supérieurs à ces valeurs peuvent indiquer des problèmes d'humidité.

Répétez si nécessaire : Si vous avez des doutes ou si vous souhaitez vérifier plusieurs zones, répétez le processus de test d'humidité dans d'autres parties de la maison.

Inspection des systèmes

L'inspection des systèmes est une étape essentielle pour identifier les éventuelles fuites d'eau ou problèmes de condensation qui pourraient causer des dommages aux murs. Voici quelques étapes à suivre lors de cette inspection :

Plomberie : Vérifiez l'état des tuyaux, des robinets, des joints et des raccords de plomberie pour détecter d'éventuelles fuites ou signes de corrosion. Inspectez les zones sous les éviers, derrière les toilettes et autour des appareils électroménagers qui utilisent de l'eau, comme les lave-vaisselle et les machines à laver.

Toiture : Examinez le toit pour détecter d'éventuelles fuites ou dommages, tels que des tuiles manquantes, des fissures ou des joints mal scellés. Vérifiez également l'état des gouttières et des descentes pluviales pour vous assurer qu'elles évacuent correctement l'eau loin de la maison.

Système de chauffage, ventilation et climatisation (CVC) : Assurez-vous que les conduits d'air et les systèmes de ventilation sont en bon état et fonctionnent correctement. Nettoyez ou remplacez les filtres selon les recommandations du fabricant pour assurer une circulation d'air adéquate et prévenir l'accumulation d'humidité.

Isolation : Vérifiez l'état de l'isolation dans les murs, les combles et les sous-sols pour détecter d'éventuelles zones où l'humidité pourrait s'accumuler ou causer des problèmes de condensation. Assurez-vous que l'isolation est installée correctement et qu'elle n'est pas endommagée.

Ventilation : Assurez-vous que les zones telles que les salles de bains, les cuisines et les sous-sols sont correctement ventilées pour évacuer l'humidité. Vérifiez que les ventilateurs d'extraction fonctionnent correctement et assurez-vous qu'ils évacuent l'air à l'extérieur de la maison plutôt que dans les combles ou les espaces clos.

Évaluation de la structure

L'évaluation de la structure de la maison est cruciale pour identifier les problèmes potentiels de mouvements structurels qui pourraient causer des dommages aux murs. Voici quelques étapes à suivre lors de cette évaluation :

Fondations : Examinez l'état des fondations de la maison pour détecter d'éventuelles fissures, déformations ou affaissements.

Murs porteurs : Vérifiez l'état des murs porteurs pour détecter d'éventuelles fissures, déformations ou affaissements. Les fissures verticales, en particulier celles situées près des coins ou des ouvertures, peuvent indiquer des problèmes structurels et nécessiter une attention immédiate.

Poutres et solives : Inspectez les poutres et les solives pour détecter d'éventuelles signes de pourriture, de dommages causés par les insectes ou de déformation. Assurez-vous que les supports structurels sont en bon état et capables de supporter la charge de la maison.

Charpente : Examinez l'état de la charpente pour détecter d'éventuelles fissures, déformations ou signes de pourriture. Vérifiez également l'état des fixations et des connexions pour vous assurer qu'elles sont solides et sécurisées.

Revêtements extérieurs : Vérifiez l'état des revêtements extérieurs, tels que le bardage ou la maçonnerie, pour détecter d'éventuelles fissures, déformations ou détachements. Assurez-vous que les revêtements sont bien fixés et qu'ils protègent efficacement la structure de la maison.

En évaluant attentivement la structure de la maison, vous pourrez détecter d'éventuels problèmes de mouvements structurels qui pourraient causer des dommages aux murs et prendre des mesures pour les réparer avant qu'ils ne s'aggravent.

Outils et matériaux nécessaires

Liste des outils et des matériaux nécessaires pour chaque type de réparation

Voici une liste des outils et des matériaux nécessaires pour différents types de réparation des murs :

Couteau à mastic

Un couteau à mastic est un outil essentiel utilisé pour appliquer et lisser les matériaux de mastic, d'enduit de rebouchage ou de plâtre lors de la réparation des murs. Il est généralement constitué d'une lame en acier flexible et d'un manche ergonomique pour une prise en main confortable.

Voici quelques caractéristiques importantes d'un couteau à mastic

Lame en acier : La lame en acier est flexible pour permettre une application uniforme des matériaux de réparation sur la surface des murs. Elle est également résistante à la corrosion pour une durabilité accrue.

Largeur de la lame : Les couteaux à mastic sont disponibles dans une gamme de largeurs de lame pour s'adapter à différents types de réparations. Des couteaux plus larges sont utilisés pour les grandes surfaces, tandis que des couteaux plus étroits sont utilisés pour les zones plus petites ou les détails fins.

Manche ergonomique : Le manche du couteau à mastic est conçu pour offrir une prise en main confortable et une manipulation précise. Il peut être fabriqué en plastique, en bois ou en métal, selon les préférences de l'utilisateur.

Entretien : Pour prolonger la durée de vie de votre couteau à mastic, nettoyez-le soigneusement après chaque utilisation pour éliminer tout résidu de mastic ou d'enduit. Stockez-le dans un endroit sec pour éviter la corrosion de la lame.

Un couteau à mastic de qualité est un investissement précieux pour tout projet de réparation de murs, car il permet une application précise et professionnelle des matériaux de réparation, assurant ainsi des résultats durables et esthétiques.

Brosse métallique

Une brosse métallique est un outil à poils métalliques souvent utilisé pour nettoyer, dérouiller, décaper ou préparer les surfaces avant de les peindre ou de les traiter. Voici quelques utilisations courantes d'une brosse métallique :

Nettoyage des surfaces métalliques : Une brosse métallique est efficace pour éliminer la rouille, les dépôts de peinture, la saleté et les autres contaminants des surfaces métalliques telles que les outils, les équipements, les grilles, etc.

Préparation avant la peinture : Avant de peindre une surface métallique, il est souvent nécessaire de la nettoyer et de la préparer adéquatement. Une brosse métallique peut être utilisée pour éliminer les anciennes couches de peinture, lisser les surfaces rugueuses et améliorer l'adhérence de la nouvelle peinture.

Découpe de matériaux : Les poils métalliques d'une brosse peuvent être utilisés pour couper ou enlever des matériaux tels que le plâtre, le mortier ou les résidus de ciment séché sur les surfaces de maçonnerie.

Nettoyage des joints de soudure : Une brosse métallique est souvent utilisée pour nettoyer les joints de soudure après la soudure, en éliminant les scories et les résidus de métal pour obtenir une finition propre.

Entretien des outils et équipements : Les poils métalliques d'une brosse peuvent être utilisés pour nettoyer les outils, les équipements de jardinage et les pièces mécaniques, en éliminant la saleté, la rouille et les résidus.

Il est important de noter que l'utilisation d'une brosse métallique nécessite une certaine prudence, car les poils métalliques peuvent être abrasifs et endommager certaines surfaces sensibles. Il est recommandé de porter des lunettes de protection et des gants lors de l'utilisation d'une brosse métallique pour éviter les blessures. De plus, il est préférable de suivre les instructions du fabricant et de tester la brosse sur une petite zone peu visible avant de procéder au nettoyage complet.

Ciseau à bois ou grattoir

Un ciseau à bois et un grattoir sont deux outils utilisés dans le travail du bois, mais ils ont des fonctions légèrement différentes :

Ciseau à bois : Un ciseau à bois est un outil à lame tranchante utilisé pour enlever des morceaux de bois, créer des encoches, des mortaises, des feuillures et d'autres formes dans le bois. Il est généralement composé d'une lame en acier trempé montée sur un manche en bois ou en plastique. Les ciseaux à bois sont disponibles dans une variété de tailles et de formes pour répondre aux besoins spécifiques du projet.

Grattoir : Un grattoir est un outil utilisé pour enlever les couches de matériau de surface, telles que la peinture, le vernis ou les résidus de colle, des surfaces en bois, en métal ou en plastique. Il est généralement constitué d'une lame métallique plate avec un bord tranchant et un manche pour le tenir confortablement. Les grattoirs sont souvent utilisés pour préparer les surfaces avant la finition, en enlevant les anciennes couches de finition et en lissant la surface du bois.

Ponceuse

Une ponceuse est un outil électrique utilisé pour lisser, polir et poncer les surfaces en bois, en métal, en plastique et d'autres matériaux. Elle est équipée d'un moteur électrique qui fait tourner un disque ou une bande abrasive à grande vitesse pour enlever les imperfections, lisser les surfaces et préparer le matériau pour la finition. Voici quelques types courants de ponceuses :

Ponceuse orbitale aléatoire : Aussi connue sous le nom de ponceuse orbitale, cette ponceuse utilise un mouvement circulaire et orbital pour poncer les surfaces de manière uniforme. Elle est idéale pour enlever les petites imperfections et obtenir une finition lisse.

Ponceuse à bande : Cette ponceuse utilise une bande abrasive en forme de boucle qui tourne autour de deux rouleaux pour poncer les grandes surfaces rapidement. Elle est souvent utilisée pour enlever les grandes quantités de matériau et pour le dégrossissage.

Ponceuse vibrante : Aussi appelée ponceuse à patin ou ponceuse à paume, cette ponceuse utilise un mouvement de va-et-vient pour poncer les surfaces. Elle est idéale pour les travaux de finition et pour poncer les coins et les bords.

Ponceuse excentrique : Cette ponceuse combine un mouvement rotatif et orbital pour fournir un ponçage efficace et sans traces. Elle est polyvalente et peut être utilisée pour une variété de travaux, y compris le ponçage grossier et fin.

Ponceuse à cylindre : Cette ponceuse est équipée d'un tambour rotatif recouvert d'une bande abrasive qui peut être utilisée pour poncer les contours et les formes irrégulières.

Les ponceuses sont des outils polyvalents utilisés dans de nombreux projets de menuiserie, de rénovation domiciliaire et de bricolage. Il est important de choisir le bon type de ponceuse en fonction du matériau à poncer et du type de travail à effectuer pour obtenir les meilleurs résultats. De plus, il est essentiel de porter des équipements de protection appropriés, tels que des lunettes de sécurité et un masque respiratoire, lors de l'utilisation d'une ponceuse pour protéger vos yeux et vos voies respiratoires contre la poussière et les particules.

Ruban adhésif

Le ruban adhésif est un outil polyvalent utilisé pour une variété de tâches de fixation, de réparation et d'emballage. Il est composé d'un support flexible, comme du papier, du plastique ou du tissu, recouvert d'une couche adhésive sur une face. Voici quelques types courants de ruban adhésif et leurs utilisations :

Ruban adhésif d'emballage : Ce type de ruban est utilisé pour sceller les boîtes et les colis lors de l'expédition et du stockage. Il est généralement fabriqué en polypropylène ou en PVC et est conçu pour offrir une adhérence forte et durable sur une variété de surfaces.

Ruban adhésif de masquage : Utilisé principalement dans les travaux de peinture, ce ruban est conçu pour masquer les zones à ne pas peindre, comme les bords des murs, les cadres de fenêtres et les plinthes. Il est souvent fabriqué en papier avec une couche adhésive qui se retire facilement sans laisser de résidus.

Ruban adhésif double face : Ce ruban est recouvert d'une couche adhésive des deux côtés et est utilisé pour fixer temporairement ou de façon permanente deux surfaces ensemble. Il est souvent utilisé dans les projets d'artisanat, les travaux d'assemblage et l'installation de tapis et de moquettes.

Ruban adhésif électrique : Ce type de ruban est conçu pour isoler et protéger les connexions électriques dans les applications électriques et de câblage. Il est généralement fabriqué en vinyle ou en caoutchouc et est résistant à la chaleur et aux intempéries.

Ruban adhésif de réparation : Utilisé pour réparer temporairement les objets cassés ou endommagés, ce ruban est souvent fabriqué en toile, en caoutchouc ou en silicone et offre une adhérence forte et résistante à l'eau.

Ruban adhésif pour le travail du bois : Ce ruban est utilisé dans les projets de menuiserie pour maintenir les pièces ensemble pendant le séchage de la colle, pour masquer les joints lors de la teinture ou du vernissage, et pour d'autres applications spécifiques au travail du bois.

Ces sont quelques-uns des types les plus courants de ruban adhésif et leurs utilisations, mais il existe de nombreux autres types disponibles pour répondre à une variété de besoins. Lors du choix d'un ruban adhésif, assurez-vous de sélectionner le type approprié en fonction de votre application spécifique pour obtenir les meilleurs résultats.

Enduit de rebouchage

L'enduit de rebouchage est un matériau utilisé pour remplir les fissures, les trous et les imperfections sur les surfaces intérieures et extérieures des murs, des plafonds et d'autres surfaces. C'est un composé de remplissage généralement à base de gypse, de ciment, de polymères ou d'autres matériaux similaires, mélangé avec de l'eau pour former une pâte épaisse et facile à appliquer. Voici quelques caractéristiques et utilisations courantes de l'enduit de rebouchage :

Remplissage des fissures : L'enduit de rebouchage est utilisé pour remplir les fissures et les joints entre les plaques de plâtre, les panneaux de placoplâtre, les murs en béton et d'autres surfaces, créant ainsi une surface lisse et uniforme.

Réparation des trous : Il peut être utilisé pour reboucher les petits et les grands trous dans les murs et les plafonds, tels que ceux laissés par des clous, des vis ou d'autres fixations, ainsi que les trous laissés par des dommages accidentels ou des réparations précédentes.

Préparation des surfaces pour la peinture : L'enduit de rebouchage est souvent utilisé pour préparer les surfaces avant la peinture en remplissant les imperfections et en créant une surface lisse et uniforme pour une finition de peinture de qualité.

Nivellement des surfaces : Il peut être utilisé pour niveler les surfaces inégales ou bosselées, créant ainsi une base solide et uniforme pour d'autres finitions, telles que le papier peint ou le revêtement mural.

Application intérieure et extérieure : L'enduit de rebouchage est adapté à une utilisation à la fois à l'intérieur et à l'extérieur, et il est disponible dans une variété de formulations pour répondre aux besoins spécifiques de chaque application.

Séchage et ponçage : Une fois appliqué, l'enduit de rebouchage doit être laissé sécher complètement avant d'être poncé pour obtenir une surface lisse et uniforme. Il peut ensuite être peint, tapissé ou fini selon les préférences du projet.

Ruban de renfort pour fissures

Le ruban de renfort pour fissures, également connu sous le nom de ruban adhésif en fibre de verre, est un matériau utilisé pour renforcer et réparer les fissures dans les murs et les plafonds. Voici quelques caractéristiques et utilisations courantes du ruban de renfort pour fissures :

Renforcement des fissures : Le ruban de renfort pour fissures est conçu pour renforcer les fissures existantes dans les surfaces telles que le plâtre, le placoplâtre, le béton et d'autres matériaux de construction. Il offre une résistance supplémentaire pour empêcher les fissures de s'aggraver et de se propager.

Prévention des récidives : En fournissant un soutien structurel supplémentaire, le ruban de renfort pour fissures aide à prévenir les récidives des fissures après les réparations initiales. Il offre une solution durable pour maintenir l'intégrité des surfaces endommagées.

Facilité d'application : Le ruban de renfort pour fissures est facile à appliquer sur les fissures à l'aide d'une couche d'enduit ou de mastic appropriée. Il adhère fermement à la surface et peut être facilement coupé à la taille requise pour s'adapter aux dimensions de la fissure.

Flexibilité : En raison de sa construction en fibre de verre, le ruban de renfort pour fissures est flexible et peut se conformer aux contours de la surface, ce qui le rend idéal pour une utilisation sur des surfaces courbes ou irrégulières.

Compatibilité avec les finitions : Une fois appliqué et peint, le ruban de renfort pour fissures se fond généralement bien dans la surface environnante, offrant une finition lisse et uniforme sans créer de bosses visibles.

Résistance à l'humidité : Le ruban de renfort pour fissures est résistant à l'humidité, ce qui le rend approprié pour une utilisation dans des environnements sujets à l'humidité tels que les salles de bains, les cuisines et les sous-sols.

Apprêt pour murs

Un apprêt pour murs, également appelé apprêt pour peinture, est un produit utilisé pour préparer les surfaces avant l'application de la peinture. Voici quelques-unes de ses caractéristiques et utilisations courantes :

Amélioration de l'adhérence : L'apprêt pour murs aide à améliorer l'adhérence de la peinture en créant une surface uniforme et légèrement rugueuse pour que la peinture puisse mieux s'accrocher.

Scellage des surfaces : Il scelle les surfaces poreuses, telles que le plâtre, le placo-plâtre et le bois, pour empêcher la peinture de les absorber de manière inégale et de créer des taches ou des marques.

Uniformisation des teintes : L'apprêt pour murs aide à uniformiser la couleur de la peinture en masquant les différences de teinte et en fournissant une base uniforme sur laquelle la couleur de la peinture peut se développer de manière homogène.

Réduction des taches : Il aide à réduire les taches de moisissure, de suie ou d'autres taches causées par des dommages d'eau ou de fumée en scellant la surface et en empêchant les taches de traverser la peinture.

Blocage des saignements : Certains apprêts pour murs sont conçus pour bloquer les saignements de taches tenaces, comme les taches de nicotine ou de tanin, pour éviter qu'elles ne réapparaissent à travers la peinture.

Prévention de la corrosion : Sur les surfaces métalliques, l'apprêt pour murs peut fournir une protection contre la corrosion en scellant la surface et en empêchant l'humidité et l'oxygène d'atteindre le métal.

Il existe différents types d'apprêts pour murs, chacun conçu pour des surfaces spécifiques et des problèmes de préparation de peinture particuliers. Avant d'appliquer de la peinture, il est recommandé de choisir l'apprêt approprié en fonction du type de surface à peindre et des besoins spécifiques du projet. Suivez toujours les instructions du fabricant pour obtenir les meilleurs résultats.

Scie à main ou scie sauteuse (pour agrandir les trous si nécessaire)

Le choix entre une scie à main et une scie sauteuse pour agrandir les trous dépendra de plusieurs facteurs, notamment la taille du trou, le matériau à découper, et votre préférence personnelle en termes de confort et de facilité d'utilisation. Voici quelques points à considérer pour vous aider à prendre votre décision :

Taille du trou : Pour de petits trous, une scie à main peut suffire, tandis que pour des trous plus grands, une scie sauteuse peut être plus efficace.

Matériau à découper : Si vous travaillez avec du bois, du plastique ou d'autres matériaux mous, une scie à main peut être adéquate. Cependant, si vous avez affaire à des matériaux plus durs comme le métal ou le béton, une scie sauteuse équipée de la lame appropriée peut être plus adaptée.

Précision : Si vous avez besoin d'une coupe précise et contrôlée, une scie sauteuse peut offrir une meilleure précision, surtout si elle est équipée d'un guide de coupe. Les scies à main peuvent être plus difficiles à contrôler pour des coupes très précises.

Confort et facilité d'utilisation : Les scies sauteuses sont généralement plus faciles à manier, surtout pour les travaux de longue durée, car elles sont alimentées par un moteur électrique. Les scies à main nécessitent plus d'efforts physiques et peuvent être fatigantes à utiliser pendant de longues périodes.

Accessibilité : Si vous devez travailler dans des espaces restreints où une scie sauteuse ne peut pas facilement atteindre, une scie à main peut être préférable en raison de sa taille compacte et de sa maniabilité.

Papier de verre

Le papier de verre est un matériau abrasif utilisé pour lisser, polir et poncer les surfaces en bois, en métal, en plastique et d'autres matériaux.

Il est fabriqué en collant du grain abrasif, généralement du carbure de silicium ou de l'oxyde d'aluminium, sur du papier, du tissu ou du film plastique. Voici quelques utilisations courantes du papier de verre :

Préparation des surfaces : Le papier de verre est utilisé pour préparer les surfaces avant la peinture, le vernissage ou le revêtement en enlevant les anciennes couches de finition, les imperfections et les aspérités.

Ponçage des matériaux : Il est utilisé pour poncer les matériaux tels que le bois, le métal, le plastique et le plâtre afin de les lisser et de les façonner selon les besoins du projet.

Réparation des surfaces endommagées : Le papier de verre est utilisé pour enlever les éclats, les éraflures et les marques sur les surfaces endommagées afin de les restaurer à leur état d'origine.

Finition et polissage : Il est utilisé pour finir et polir les surfaces après le ponçage grossier afin d'obtenir une surface lisse et uniforme prête pour la finition finale.

Nettoyage des outils et équipements : Le papier de verre est également utilisé pour nettoyer et affûter les outils et les équipements, tels que les ciseaux, les couteaux et les lames de scie.

Le papier de verre est disponible dans une variété de grains, allant du plus grossier au plus fin, pour répondre à différents besoins de ponçage et de finition. Plus le nombre de grains est élevé, plus le papier de verre est fin et adapté au polissage des surfaces. Il est important de choisir le bon grain en fonction du matériau à poncer et du niveau de finition souhaité pour obtenir les meilleurs résultats.

Plâtre ou enduit de rebouchage

Le choix entre le plâtre et l'enduit de rebouchage dépendra de plusieurs facteurs, notamment le type de réparation à effectuer, la surface à réparer et les préférences personnelles. Voici quelques points à considérer pour vous aider à prendre votre décision :

Type de réparation : Si vous avez affaire à des fissures ou des trous de petite à moyenne taille, l'enduit de rebouchage est généralement suffisant. Pour des réparations plus importantes ou des surfaces endommagées plus étendues, le plâtre peut être préférable car il offre une meilleure adhérence et une plus grande résistance.

Application : L'enduit de rebouchage est généralement plus facile à appliquer et à lisser, ce qui le rend idéal pour les réparations de petite taille ou pour les débutants en bricolage. Le plâtre, en revanche, peut nécessiter plus de compétences et d'expérience pour être correctement appliqué et manipulé.

Séchage : L'enduit de rebouchage a tendance à sécher plus rapidement que le plâtre, ce qui peut être avantageux si vous avez besoin de terminer rapidement le projet. Cependant, le plâtre peut offrir une meilleure résistance et une durabilité accrue une fois complètement sec.

Adhérence : Le plâtre a généralement une meilleure adhérence aux surfaces, ce qui le rend plus adapté aux réparations sur des matériaux difficiles à adhérer, comme le béton ou le plâtre. L'enduit de rebouchage peut avoir besoin d'une amorce ou d'une préparation de surface supplémentaire pour assurer une bonne adhérence.

Finition : L'enduit de rebouchage est souvent plus facile à poncer et à lisser pour obtenir une finition lisse et uniforme. Le plâtre peut nécessiter plus de travail de finition pour obtenir le même résultat, mais il offre généralement une finition plus solide et plus durable.

Éponge ou chiffon

Le choix entre une éponge et un chiffon dépendra de la tâche à accomplir et des préférences personnelles. Voici quelques points à considérer pour vous aider à prendre votre décision :

Nettoyage humide : Les éponges sont généralement plus efficaces pour les tâches de nettoyage humide, telles que le nettoyage des surfaces, des comptoirs et des éviers. Elles absorbent bien l'eau et les liquides de nettoyage, ce qui les rend idéales pour éliminer la saleté et les taches.

Absorption : Les chiffons en tissu ont tendance à être plus absorbants que les éponges, ce qui les rend efficaces pour le nettoyage des liquides renversés et des déversements. Ils peuvent également être utilisés pour essuyer et sécher les surfaces après les avoir nettoyées.

Maniabilité : Les éponges sont généralement plus faciles à manipuler pour les tâches de nettoyage général en raison de leur forme et de leur texture. Elles peuvent être pliées, tordues et manipulées pour atteindre des zones difficiles d'accès.

Durabilité : Les chiffons en tissu ont tendance à être plus durables que les éponges, surtout s'ils sont de bonne qualité et bien entretenus. Ils peuvent être lavés et réutilisés à plusieurs reprises, ce qui en fait une option plus écologique à long terme.

Économie : Les éponges sont généralement moins chères que les chiffons en tissu, ce qui en fait une option plus économique pour les tâches de nettoyage courantes. Cependant, les chiffons en tissu peuvent être une meilleure valeur à long terme en raison de leur durabilité et de leur capacité à être réutilisés.

Pulvérisateur

Un pulvérisateur est un dispositif utilisé pour pulvériser des liquides, tels que de l'eau, des produits de nettoyage, des insecticides, des herbicides ou des peintures, sur une surface donnée. Voici quelques-unes de ses utilisations courantes et caractéristiques :

Nettoyage : Les pulvérisateurs sont utilisés pour appliquer des produits de nettoyage sur les surfaces, les vitres, les comptoirs, les meubles, les véhicules, et autres pour éliminer la saleté, la graisse et les taches.

Jardinage : Ils sont utilisés pour pulvériser des insecticides, des herbicides, des fongicides ou des engrais sur les plantes, les pelouses, les arbres et les jardins pour contrôler les ravageurs, les mauvaises herbes et les maladies.

Traitement des plantes d'intérieur : Les pulvérisateurs sont également utilisés pour vaporiser de l'eau ou des solutions d'engrais sur les plantes d'intérieur pour les humidifier et les nourrir.

Peinture : Dans le domaine de la peinture, les pulvérisateurs peuvent être utilisés pour appliquer de la peinture sur les murs, les meubles, les clôtures, les véhicules, et autres, offrant une finition uniforme et lisse.

Désinfection : En période de pandémie ou pour des besoins de désinfection, les pulvérisateurs sont utilisés pour pulvériser des solutions désinfectantes sur les surfaces, les équipements et les espaces publics pour réduire la propagation des maladies.

Les pulvérisateurs sont disponibles dans une variété de tailles, de types et de modèles, notamment les pulvérisateurs à main, les pulvérisateurs à pression, les pulvérisateurs à batterie et les pulvérisateurs motorisés. Le choix du pulvérisateur approprié dépendra de l'application spécifique et des besoins du projet. Il est important de suivre les instructions du fabricant pour une utilisation sûre et efficace du pulvérisateur.

Nettoyant anti-moisissures

Un nettoyant anti-moisissures est un produit spécialement conçu pour éliminer et prévenir la croissance de moisissures et de mildiou sur les surfaces intérieures et extérieures. Voici quelques caractéristiques et utilisations courantes des nettoyants anti-moisissures :

Élimination des moisissures : Les nettoyants anti-moisissures contiennent généralement des agents antifongiques et des agents de blanchiment qui éliminent efficacement les moisissures, les champignons et les taches de moisissures sur les surfaces telles que les murs, les plafonds, les carrelages, les joints, les rideaux de douche, les tapis, les meubles de jardin, et autres.

Prévention de la croissance future : En plus d'éliminer les moisissures existantes, les nettoyants anti-moisissures laissent généralement un revêtement protecteur ou une barrière résiduelle qui aide à prévenir la croissance future de moisissures et de mildiou, surtout dans les zones humides et sujettes à l'humidité.

Utilisation intérieure et extérieure : Les nettoyants anti-moisissures sont adaptés à une utilisation à la fois à l'intérieur et à l'extérieur de la maison, offrant une solution polyvalente pour éliminer et prévenir les problèmes de moisissures dans toutes les zones de la maison, y compris les salles de bains, les cuisines, les sous-sols, les terrasses, les façades, et autres.

Facilité d'utilisation : La plupart des nettoyants anti-moisissures sont prêts à l'emploi et peuvent être pulvérisés ou appliqués directement sur les surfaces à nettoyer. Ils nécessitent souvent un rinçage à l'eau après utilisation, mais certains peuvent être laissés sur les surfaces sans rinçage.

Sécurité : Il est important de choisir un nettoyant anti-moisissures sûr et efficace qui ne contient pas de produits chimiques nocifs ou de substances toxiques pour la santé humaine ou pour l'environnement. Il est recommandé de lire attentivement les instructions du fabricant et de porter des équipements de protection individuelle (EPI) appropriés lors de l'utilisation de ces produits.

Solution de blanchiment

Une solution de blanchiment, telle que l'eau de Javel diluée, est parfois utilisée pour traiter les moisissures tenaces ou les taches de moisissures sur les surfaces. Voici quelques points à considérer concernant l'utilisation d'une solution de blanchiment :

Puissance de désinfection : L'eau de Javel est un agent de blanchiment puissant et un désinfectant efficace qui peut tuer les moisissures et les spores de moisissures sur les surfaces. Elle est particulièrement utile pour les moisissures tenaces ou les taches de moisissures persistantes.

Dilution : Il est important de diluer correctement l'eau de Javel avec de l'eau avant de l'utiliser, car elle est très concentrée et peut endommager certaines surfaces ou provoquer des irritations cutanées et respiratoires si elle est utilisée à pleine puissance. Suivez toujours les instructions du fabricant pour la dilution appropriée.

Précautions : Lors de l'utilisation d'eau de Javel, il est important de prendre des précautions de sécurité appropriées, telles que porter des gants en caoutchouc, des lunettes de protection et des vêtements de protection. Assurez-vous également de ventiler la zone correctement et d'éviter tout contact avec d'autres produits chimiques ménagers, en particulier les ammoniaques, car cela peut créer des vapeurs nocives.

Compatibilité des surfaces : L'eau de Javel peut être corrosive pour certaines surfaces, notamment les métaux, le marbre, la pierre naturelle, le bois non fini et les tissus délicats. Avant d'utiliser de l'eau de Javel sur une surface, assurez-vous de vérifier sa compatibilité et de faire un test sur une petite zone peu visible pour éviter les dommages.

Rinçage : Après avoir appliqué une solution de blanchiment, assurez-vous de bien rincer la surface à l'eau claire pour éliminer tout résidu de produit chimique. Cela aidera à prévenir toute irritation cutanée ou respiratoire et à éviter tout dommage potentiel aux surfaces.

Peinture anti-moisissures

La peinture anti-moisissures est une peinture spécialement formulée pour résister à la croissance de moisissures et de mildiou sur les surfaces peintes. Voici quelques caractéristiques et utilisations courantes de la peinture anti-moisissures :

Résistance à la moisissure : La peinture anti-moisissures contient généralement des agents antifongiques qui inhibent la croissance des moisissures et du mildiou sur les surfaces peintes. Elle offre ainsi une protection supplémentaire contre les problèmes de moisissures dans les zones humides ou sujettes à l'humidité, telles que les salles de bains, les cuisines, les sous-sols et les façades extérieures.

Prévention des taches : En plus de résister à la croissance des moisissures, la peinture anti-moisissures peut également aider à prévenir les taches de moisissures sur les surfaces peintes, offrant ainsi une apparence plus propre et plus durable.

Durabilité : La peinture anti-moisissures est généralement conçue pour offrir une durabilité accrue et une résistance à l'humidité, ce qui la rend idéale pour les environnements intérieurs et extérieurs sujets à des conditions humides ou à des projections d'eau.

Application : La peinture anti-moisissures s'applique de la même manière que la peinture ordinaire, avec un pinceau, un rouleau ou un pulvérisateur, selon la préférence. Elle est disponible dans une variété de finitions et de couleurs pour répondre aux besoins esthétiques et décoratifs.

Compatibilité : Il est important de choisir une peinture anti-moisissures compatible avec la surface à peindre, ainsi qu'avec les autres revêtements ou traitements appliqués précédemment. Assurez-vous de lire attentivement les instructions du fabricant et de préparer la surface correctement avant d'appliquer la peinture.

Réparation des fissures
Outils
Couteau à mastic

Brosse métallique

Ciseau à bois ou grattoir

Ponceuse

Ruban adhésif

Matériaux
Enduit de rebouchage

Ruban de renfort pour fissures

Apprêt pour murs

Peinture

Réparation des trous
Outils
Couteau à mastic

Scie à main ou scie sauteuse (pour agrandir les trous si nécessaire)

Papier de verre

Matériaux
Mastic de rebouchage

Plâtre ou enduit de rebouchage

Ruban adhésif en fibre de verre (pour les trous plus importants)

Apprêt pour murs

Peinture

Réparation des taches d'humidité

Outils

Éponge ou chiffon

Brosse métallique

Pinceau

Pulvérisateur

Matériaux

Nettoyant anti-moisissures

Solution de blanchiment (le cas échéant)

Apprêt pour murs anti-taches

Peinture anti-moisissures

Réparation des cloques de peinture

Outils

Couteau à mastic

Pinceau

Papier de verre

Matériaux

Pinceau

Mastic de rebouchage

Enduit de lissage ou enduit de finition

Apprêt pour murs

Peinture

Réparation de la détérioration du plâtre ou du placoplâtre

Outils

Couteau à mastic

Couteau à enduire

Scie à main ou scie sauteuse (pour découper les zones endommagées)

Papier de verre

Matériaux

Plâtre de rebouchage ou enduit de rebouchage

Placoplâtre

Ruban adhésif en fibre de verre (pour les réparations importantes)

Apprêt pour murs

Peinture

Réparation des fissures

Outils

Pour la réparation des fissures dans les murs, voici les outils généralement nécessaires :

Couteau à mastic : Utilisé pour appliquer l'enduit de rebouchage dans les fissures et pour lisser la surface après l'application.

Brosse métallique : Utilisée pour nettoyer la zone autour de la fissure, en enlevant la poussière, les particules et les résidus.

Ciseau à bois ou grattoir : Utilisé pour élargir légèrement la fissure afin de permettre une meilleure adhérence de l'enduit de rebouchage.

Ponceuse : Utilisée pour lisser la surface après la réparation, assurant ainsi une finition uniforme.

Ruban adhésif : Utilisé pour masquer la fissure et pour empêcher l'enduit de rebouchage de s'échapper dans les fissures plus larges.

Matériaux

Pour la réparation des fissures dans les murs, voici les matériaux généralement nécessaires :

Enduit de rebouchage : Un composé de remplissage utilisé pour combler les fissures et les imperfections dans les murs. Il existe différents types d'enduits de rebouchage, tels que l'enduit à base de plâtre ou l'enduit à base de polymères, en fonction des besoins spécifiques de la réparation.

Ruban de renfort pour fissures : Un ruban adhésif en fibre de verre ou en papier, conçu pour renforcer les fissures et empêcher leur réapparition. Il est appliqué sur la fissure avant l'application de l'enduit de rebouchage pour assurer une meilleure stabilité.

Apprêt pour murs : Une couche d'apprêt appliquée avant la peinture ou l'enduit final pour améliorer l'adhérence et assurer une finition uniforme. Il aide également à sceller la surface réparée et à prévenir les futures fissures.

Peinture : Utilisée pour recouvrir la surface réparée après avoir terminé la réparation des fissures. Choisissez une peinture de qualité adaptée à vos besoins esthétiques et fonctionnels.

Avec ces matériaux, vous pourrez remplir efficacement les fissures et restaurer l'intégrité structurelle des murs. Assurez-vous de suivre les instructions du fabricant pour une utilisation correcte et sécuritaire des produits.

Réparation des trous

Outils

Pour la réparation des trous dans les murs, voici les outils généralement nécessaires :

Couteau à mastic : Utilisé pour appliquer le mastic de rebouchage ou le plâtre dans les trous et pour lisser la surface après l'application.

Scie à main ou scie sauteuse : Utilisée pour agrandir les trous si nécessaire, afin de faciliter la réparation.

Papier de verre : Utilisé pour lisser la surface après la réparation, assurant ainsi une finition uniforme.

Matériaux

Pour la réparation des trous dans les murs, voici les matériaux généralement nécessaires :

Mastic de rebouchage : Un composé prêt à l'emploi utilisé pour remplir les petits trous dans les murs. Il est facile à appliquer et sèche rapidement.

Plâtre ou enduit de rebouchage : Utilisé pour remplir les trous plus importants ou pour des réparations plus robustes. Il peut être nécessaire pour les trous de taille moyenne à grande.

Ruban adhésif en fibre de verre : Utilisé pour renforcer les réparations de trous plus importants, offrant une plus grande stabilité et résistance à la fissuration.

Apprêt pour murs : Une couche d'apprêt appliquée avant la peinture ou l'enduit final pour améliorer l'adhérence et assurer une finition uniforme. Il aide également à sceller la surface réparée et à prévenir les futures fissures.

Peinture : Utilisée pour recouvrir la surface réparée après avoir terminé la réparation des trous. Choisissez une peinture de qualité adaptée à vos besoins esthétiques et fonctionnels.

Réparation des taches d'humidité

Outils

Pour la réparation des taches d'humidité sur les murs, voici les outils généralement nécessaires :

Éponge ou chiffon : Utilisé pour nettoyer la zone affectée et éliminer tout excès d'humidité ou de saleté avant la réparation.

Brosse métallique : Utilisée pour éliminer les résidus de moisissure ou de saleté qui pourraient être présents sur la surface.

Pinceau : Utilisé pour appliquer des produits de nettoyage ou de traitement de la moisissure sur la zone affectée.

Pulvérisateur : Utilisé pour appliquer uniformément les produits de nettoyage ou de traitement sur les surfaces difficiles à atteindre.

Matériaux

Pour la réparation des taches d'humidité sur les murs, voici les matériaux généralement nécessaires :

Nettoyant anti-moisissures : Utilisé pour éliminer les taches de moisissure et les spores de moisissure des surfaces affectées. Assurez-vous de choisir un produit spécialement conçu pour les moisissures et les taches d'humidité.

Solution de blanchiment (le cas échéant) : Parfois, une solution diluée d'eau de Javel peut être utilisée pour éliminer les taches de moisissure tenaces sur les surfaces non poreuses. Assurez-vous de suivre les instructions du fabricant et de prendre des précautions appropriées lors de l'utilisation de l'eau de Javel.

Apprêt pour murs anti-taches : Une couche d'apprêt spécialement formulée pour sceller les taches d'humidité et empêcher leur réapparition sous la peinture ou l'enduit final.

Peinture anti-moisissures : Une peinture spéciale conçue pour résister à l'humidité et à la croissance de la moisissure. Elle est utilisée pour recouvrir la surface après avoir effectué les réparations nécessaires.

Réparation des cloques de peinture

Outils

Pour la réparation des cloques de peinture sur les murs, voici les outils généralement nécessaires :

Couteau à mastic : Utilisé pour retirer délicatement les cloques de peinture en les grattant ou en les coupant.

Pinceau : Utilisé pour lisser la surface après avoir retiré les cloques de peinture et pour appliquer l'apprêt et la peinture de finition.

Papier de verre : Utilisé pour lisser la surface après avoir retiré les cloques de peinture, assurant ainsi une finition uniforme.

Matériaux

Pour la réparation des cloques de peinture sur les murs, voici les matériaux généralement nécessaires :

Mastic de rebouchage : Utilisé pour remplir les zones où les cloques de peinture ont été retirées, assurant ainsi une surface lisse et uniforme.

Enduit de lissage ou enduit de finition : Utilisé pour lisser la surface après avoir appliqué le mastic de rebouchage, assurant ainsi une finition uniforme.

Apprêt pour murs : Une couche d'apprêt appliquée avant la peinture ou l'enduit final pour améliorer l'adhérence et assurer une finition uniforme. Il aide également à sceller la surface réparée et à prévenir les futures cloques de peinture.

Peinture : Utilisée pour recouvrir la surface réparée après avoir terminé la réparation des cloques de peinture. Choisissez une peinture de qualité adaptée à vos besoins.

Réparation de la détérioration du plâtre ou du placoplâtre

Outils

Pour la réparation de la détérioration du plâtre ou du placoplâtre sur les murs, voici les outils généralement nécessaires :

Couteau à mastic : Utilisé pour enlever délicatement les parties endommagées du plâtre ou du placoplâtre et pour appliquer le matériau de réparation.

Couteau à enduire : Utilisé pour lisser la surface après avoir appliqué le matériau de réparation, assurant ainsi une finition uniforme.

Scie à main ou scie sauteuse : Utilisée pour découper les zones endommagées du plâtre ou du placoplâtre, si nécessaire, afin de faciliter la réparation.

Papier de verre : Utilisé pour lisser la surface après avoir appliqué le matériau de réparation, assurant ainsi une finition uniforme.

Matériaux

Pour la réparation de la détérioration du plâtre ou du placoplâtre sur les murs, voici les matériaux généralement nécessaires :

Plâtre de rebouchage ou enduit de rebouchage : Utilisé pour remplir les zones endommagées du plâtre ou du placoplâtre et pour restaurer la surface à son état d'origine.

Placoplâtre : Utilisé pour remplacer les sections endommagées de placoplâtre si la détérioration est trop importante pour être réparée avec du plâtre de rebouchage.

Ruban adhésif en fibre de verre : Utilisé pour renforcer les réparations de plâtre ou de placoplâtre, offrant une plus grande stabilité et résistance à la fissuration.

Apprêt pour murs : Une couche d'apprêt appliquée avant la peinture ou l'enduit final pour améliorer l'adhérence et assurer une finition uniforme. Il aide également à sceller la surface réparée et à prévenir les futures détériorations.

Peinture : Utilisée pour recouvrir la surface réparée après avoir terminé la réparation de la détérioration du plâtre ou du placoplâtre. Choisissez une peinture de qualité adaptée à vos besoins .

Réparation des fissures

Utilisation de mastics, de bandes de calfeutrage ou d'autres matériaux de réparation

L'utilisation de mastics, de bandes de calfeutrage ou d'autres matériaux de réparation dépend du type et de l'étendue des dommages aux murs. Voici comment ces différents matériaux peuvent être utilisés :

Mastic de rebouchage

Le mastic de rebouchage est un matériau polyvalent utilisé pour remplir les fissures, les trous et les imperfections dans les murs, les plafonds et d'autres surfaces. Voici quelques caractéristiques et conseils d'utilisation du mastic de rebouchage :

Composition : Le mastic de rebouchage est généralement composé d'un mélange de polymères, de charges minérales et d'additifs spéciaux pour assurer l'adhérence, la flexibilité et la durabilité.

Types de mastic : Il existe différents types de mastics de rebouchage, y compris les mastics acryliques, les mastics à base de latex, les mastics à base de silicone et les mastics à base de polyuréthane. Chaque type de mastic a ses propres propriétés et applications spécifiques.

Application : Le mastic de rebouchage est généralement appliqué à l'aide d'un couteau à mastic ou d'une spatule. Il est important de nettoyer et de préparer la surface avant d'appliquer le mastic pour assurer une adhérence optimale. Appliquez le mastic en le pressant fermement dans la fissure ou le trou, puis lissez la surface avec le couteau à mastic pour obtenir une finition uniforme.

Séchage et ponçage : Le temps de séchage du mastic de rebouchage peut varier en fonction du type de mastic et des conditions environnementales. Suivez les instructions du fabricant pour le temps de séchage recommandé. Une fois sec, le mastic peut être poncé avec du papier de verre fin pour lisser la surface et éliminer les irrégularités.

Peinture : Après avoir appliqué et séché le mastic de rebouchage, vous pouvez peindre la surface selon vos besoins. Assurez-vous d'utiliser une peinture appropriée pour la surface réparée et de suivre les instructions du fabricant pour une application correcte.

Bande de calfeutrage en fibre de verre

La bande de calfeutrage en fibre de verre est un matériau utilisé pour renforcer les réparations de fissures et de crevasses dans les murs. Voici quelques informations importantes sur son utilisation :

Composition : La bande de calfeutrage en fibre de verre est composée de fibres de verre tissées ou tressées, ce qui lui confère une grande résistance et une certaine flexibilité.

Renforcement des fissures : La bande de calfeutrage en fibre de verre est souvent utilisée pour renforcer les réparations de fissures dans les murs, en particulier lorsque les fissures sont importantes ou qu'elles présentent un risque de réouverture. La bande agit comme une armature, empêchant la fissure de s'élargir ou de se propager.

Application : Pour utiliser la bande de calfeutrage en fibre de verre, commencez par nettoyer et préparer la surface de la fissure. Appliquez ensuite une couche de mastic de rebouchage dans la fissure, puis placez la bande de calfeutrage en fibre de verre sur le mastic encore frais. Appuyez fermement sur la bande pour la faire adhérer au mastic.

Finition : Une fois que la bande de calfeutrage en fibre de verre est en place, appliquez une deuxième couche de mastic de rebouchage par-dessus pour sceller complètement la fissure. Utilisez un couteau à mastic pour lisser la surface et éliminer les excès de mastic. Laissez sécher complètement avant de poncer et de peindre si nécessaire.

Avantages : La bande de calfeutrage en fibre de verre offre une résistance accrue par rapport aux réparations de fissures traditionnelles. Elle est également plus durable et moins susceptible de se fissurer ou de se déformer avec le temps.

Enduit de rebouchage

L'enduit de rebouchage est un matériau utilisé pour remplir les trous, les fissures et les imperfections dans les murs et les plafonds. Voici quelques informations importantes sur son utilisation :

Composition : L'enduit de rebouchage est généralement composé de composés à base de plâtre ou de polymères. Il peut contenir des charges minérales pour renforcer sa résistance et sa durabilité.

Application : Pour utiliser l'enduit de rebouchage, commencez par nettoyer et préparer la surface à réparer. Appliquez ensuite une quantité généreuse d'enduit sur la zone endommagée à l'aide d'une spatule ou d'un couteau à mastic. Travaillez l'enduit dans les trous ou les fissures en veillant à ce qu'il soit bien rempli et nivelé.

Lissage : Une fois que l'enduit de rebouchage est en place, utilisez la spatule ou le couteau à mastic pour lisser la surface et éliminer les excès d'enduit. Assurez-vous que la surface est uniforme et lisse pour obtenir un meilleur résultat final.

Séchage : L'enduit de rebouchage nécessite un temps de séchage complet avant d'être poncé ou peint. Suivez les instructions du fabricant pour connaître le temps de séchage recommandé. Évitez de perturber ou de toucher l'enduit pendant qu'il sèche pour éviter les imperfections.

Finition : Une fois que l'enduit de rebouchage est complètement sec, vous pouvez poncer légèrement la surface avec du papier de verre fin pour lisser les imperfections et obtenir une finition uniforme. Ensuite, la zone réparée peut être apprêtée et peinte selon vos préférences.

L'enduit de rebouchage est un matériau polyvalent et facile à utiliser pour les réparations de surface dans les murs et les plafonds. Assurez-vous de choisir un produit de qualité et de suivre attentivement les instructions du fabricant pour obtenir les meilleurs résultats.

Plâtre

Le plâtre est un matériau de construction traditionnellement utilisé pour créer des surfaces lisses et uniformes sur les murs et les plafonds. Voici quelques informations importantes sur son utilisation :

Application : Pour utiliser le plâtre, commencez par préparer la surface à réparer en nettoyant et en enlevant les débris et la poussière. Ensuite, mélangez le plâtre avec de l'eau selon les instructions du fabricant jusqu'à obtenir une consistance lisse et homogène. Appliquez le plâtre sur la zone à réparer à l'aide d'une truelle ou d'une spatule, en veillant à le lisser uniformément.

Lissage : Une fois que le plâtre est appliqué, utilisez une truelle ou une spatule pour lisser la surface et éliminer les imperfections. Travaillez rapidement, car le plâtre commence à prendre et à durcir rapidement une fois qu'il est appliqué.

Séchage : Le temps de séchage du plâtre peut varier en fonction de la température et de l'humidité de l'air. Laissez le plâtre sécher complètement avant de procéder à toute finition supplémentaire, comme le ponçage ou la peinture.

Finition : Une fois que le plâtre est complètement sec, vous pouvez poncer légèrement la surface avec du papier de verre fin pour lisser les imperfections et obtenir une finition uniforme. Ensuite, la zone réparée peut être apprêtée et peinte selon vos préférences.

Le plâtre est un matériau polyvalent et durable qui peut être utilisé pour créer des surfaces lisses et esthétiques sur les murs et les plafonds. Avec les bons outils et techniques, vous pouvez réaliser des réparations de haute qualité avec du plâtre dans votre maison.

Ruban adhésif en fibre de verre

Le ruban adhésif en fibre de verre est un matériau de renforcement utilisé pour renforcer les réparations de fissures, de crevasses et de zones endommagées dans les murs et les plafonds. Voici quelques informations importantes sur son utilisation :

Composition : Le ruban adhésif en fibre de verre est constitué de fibres de verre tissées ou tressées, ce qui lui confère une grande résistance et une certaine flexibilité. Il est généralement doté d'une couche adhésive sur une face pour faciliter son application.

Renforcement des fissures : Le ruban adhésif en fibre de verre est souvent utilisé pour renforcer les réparations de fissures dans les murs et les plafonds, en particulier lorsque les fissures sont importantes ou qu'elles présentent un risque de réouverture. Le ruban agit comme une armature, empêchant la fissure de s'élargir ou de se propager.

Application : Pour utiliser le ruban adhésif en fibre de verre, commencez par nettoyer et préparer la surface à réparer. Appliquez ensuite une couche de mastic de rebouchage dans la fissure ou la zone endommagée. Ensuite, placez le ruban adhésif en fibre de verre sur le mastic encore frais, en appuyant fermement pour assurer une adhérence maximale.

Finition : Une fois que le ruban adhésif en fibre de verre est en place, appliquez une deuxième couche de mastic de rebouchage par-dessus pour sceller complètement la fissure ou la zone endommagée. Utilisez un couteau à mastic pour lisser la surface et éliminer les excès de mastic. Laissez sécher complètement avant de poncer et de peindre si nécessaire.

Avantages : Le ruban adhésif en fibre de verre offre une résistance accrue par rapport aux réparations de fissures traditionnelles. Il est également plus durable et moins susceptible de se fissurer ou de se déformer avec le temps.

Rebouchage des trous

Techniques pour reboucher les petits et grands trous dans les murs

Pour reboucher les petits et grands trous dans les murs, voici quelques techniques adaptées à chaque taille de trou :

Pour les petits trous

Mastic de rebouchage

Appliquez du mastic de rebouchage directement dans le trou à l'aide d'un couteau à mastic.

Assurez-vous de remplir complètement le trou et lissez la surface avec le couteau à mastic.

Laissez sécher selon les instructions du fabricant.

Une fois sec, poncez légèrement la surface pour lisser les imperfections.

Pâte à bois

Utilisez une pâte à bois de la couleur appropriée pour remplir le trou.

Appliquez la pâte à bois dans le trou en pressant fermement pour assurer un remplissage complet.

Lissez la surface avec une spatule et retirez l'excès de pâte à bois.

Une fois sec, poncez légèrement la surface pour obtenir une finition lisse.

Pour les grands trous

Plâtre ou enduit de rebouchage

Nettoyez et préparez soigneusement la zone autour du trou.

Appliquez une couche d'enduit de rebouchage ou de plâtre dans le trou à l'aide d'une truelle ou d'une spatule.

Assurez-vous de remplir complètement le trou et lissez la surface avec l'outil approprié.

Laissez sécher complètement avant de poncer légèrement la surface pour lisser les imperfections.

Utilisation d'une pièce de placoplâtre

Découpez une pièce de placoplâtre légèrement plus grande que le trou à combler.

Appliquez du mastic de jointoiement autour du bord du trou.

Placez la pièce de placoplâtre sur le mastic et appuyez fermement pour l'installer.

Appliquez une couche de mastic de jointoiement sur les bords de la pièce de placoplâtre pour combler les espaces et lisser la surface.

Une fois sec, poncez légèrement la surface pour obtenir une finition uniforme.

Utilisation d'une toile de réparation auto-adhésive

Découpez une toile de réparation auto-adhésive légèrement plus grande que le trou à combler.

Placez la toile sur le trou et appuyez fermement pour la faire adhérer.

Appliquez une couche de mastic de rebouchage sur la toile pour lisser la surface.

Laissez sécher complètement avant de poncer légèrement la surface pour obtenir une finition lisse.

En suivant ces techniques, vous devriez être en mesure de reboucher efficacement les petits et grands trous dans les murs de votre maison. Assurez-vous de choisir la méthode appropriée en fonction de la taille et de la profondeur du trou, ainsi que du matériau de surface.

Pour les petits trous

Mastic de rebouchage

Pour reboucher les petits trous avec du mastic de rebouchage, suivez ces étapes :

Préparation : Commencez par nettoyer la zone autour du trou pour éliminer toute saleté, poussière ou particules qui pourraient interférer avec l'adhérence du mastic.

Application du mastic : Utilisez un couteau à mastic pour prélever une petite quantité de mastic de rebouchage. Appliquez-le directement dans le trou, en veillant à le remplir complètement et à lisser la surface.

Lissage : Après avoir rempli le trou, utilisez le couteau à mastic pour lisser le mastic et obtenir une surface uniforme autour du trou.

Séchage : Laissez le mastic sécher complètement selon les instructions du fabricant. Le temps de séchage varie en fonction du type de mastic utilisé et des conditions environnementales.

Ponçage : Une fois le mastic complètement sec, utilisez du papier de verre fin pour lisser légèrement la surface et éliminer les imperfections éventuelles.

Finition : Une fois que la surface est lisse, vous pouvez appliquer une couche d'apprêt pour murs pour sceller la zone réparée et préparer le mur pour la peinture.

Pâte à bois

Pour reboucher les petits trous avec de la pâte à bois, voici les étapes à suivre :

Nettoyage de la zone : Commencez par nettoyer la zone autour du trou pour enlever toute saleté, poussière ou débris.

Choix de la pâte à bois : Sélectionnez une pâte à bois de la teinte la plus proche de celle de votre mur pour obtenir un résultat optimal.

Application de la pâte à bois : Prélevez une petite quantité de pâte à bois avec une spatule ou un couteau à mastic, puis appliquez-la dans le trou en exerçant une pression ferme pour bien le remplir.

Lissage : Utilisez la spatule ou le couteau à mastic pour lisser la surface de la pâte à bois et éliminer tout excès autour du trou. Assurez-vous que la surface est uniforme et nivelée avec le reste du mur.

Séchage : Laissez la pâte à bois sécher complètement selon les instructions du fabricant. Le temps de séchage peut varier en fonction de la marque et de la quantité de pâte appliquée.

Ponçage : Une fois que la pâte à bois est complètement sèche, utilisez du papier de verre fin pour lisser légèrement la surface et éliminer les imperfections. Poncez avec précaution pour ne pas endommager le mur environnant.

Finition : Une fois que la surface est lisse et uniforme, vous pouvez peindre la zone réparée pour correspondre au reste du mur. Assurez-vous d'utiliser une peinture de la même couleur et finition que celle du mur environnant pour un résultat homogène.

Pour les grands trous

Plâtre ou enduit de rebouchage

Pour reboucher les grands trous dans les murs avec du plâtre ou de l'enduit de rebouchage, voici les étapes à suivre :

Préparation de la zone : Commencez par nettoyer soigneusement la zone autour du trou pour enlever toute saleté, poussière ou débris. Assurez-vous que la zone est sèche avant de commencer les réparations.

Choix du matériau : Sélectionnez un plâtre ou un enduit de rebouchage adapté à la taille et à la profondeur du trou. Assurez-vous de choisir un produit de qualité pour des résultats durables.

Application du plâtre ou de l'enduit : Utilisez une truelle ou une spatule pour appliquer une couche généreuse de plâtre ou d'enduit de rebouchage dans le trou. Remplissez complètement le trou et assurez-vous que la surface est légèrement surélevée par rapport au mur environnant.

Lissage : Utilisez la truelle ou la spatule pour lisser la surface du plâtre ou de l'enduit et éliminer tout excès. Assurez-vous que la surface est uniforme et nivelée avec le reste du mur.

Séchage : Laissez le plâtre ou l'enduit sécher complètement selon les instructions du fabricant. Le temps de séchage peut varier en fonction de la quantité de matériau utilisée et des conditions environnementales.

Ponçage : Une fois que le plâtre ou l'enduit est complètement sec, utilisez du papier de verre fin pour lisser légèrement la surface et éliminer les imperfections. Poncez avec précaution pour obtenir une surface lisse et uniforme.

Finition : Une fois que la surface est lisse et sèche, vous pouvez peindre la zone réparée pour correspondre au reste du mur.

Assurez-vous d'utiliser une peinture de la même couleur et finition que celle du mur environnant pour un résultat homogène.

Utilisation d'une pièce de placoplâtre

L'utilisation d'une pièce de placoplâtre est une méthode efficace pour reboucher les grands trous dans les murs. Voici les étapes à suivre :

Préparation de la zone : Commencez par nettoyer soigneusement la zone autour du trou pour enlever toute saleté, poussière ou débris. Assurez-vous que la zone est sèche avant de commencer les réparations.

Découpe de la pièce de placoplâtre : Découpez une pièce de placoplâtre légèrement plus grande que le trou à combler à l'aide d'une scie sauteuse ou d'une scie à main.

Application du mastic de jointoiement : Appliquez une fine couche de mastic de jointoiement autour du bord du trou à l'aide d'une spatule ou d'un couteau à mastic. Assurez-vous de couvrir complètement le pourtour du trou.

Placement de la pièce de placoplâtre : Placez la pièce de placoplâtre sur le mastic de jointoiement et appuyez fermement pour la faire adhérer. Assurez-vous que la pièce est bien positionnée et que le mastic de jointoiement est uniformément réparti autour du trou.

Application du mastic de jointoiement sur les bords : Une fois la pièce de placoplâtre en place, appliquez une autre couche de mastic de jointoiement sur les bords de la pièce pour combler les espaces et assurer une finition lisse.

Lissage : Utilisez une spatule ou un couteau à mastic pour lisser la surface du mastic de jointoiement et éliminer tout excès. Assurez-vous que la surface est uniforme et nivelée avec le reste du mur.

Séchage : Laissez le mastic de jointoiement sécher complètement selon les instructions du fabricant. Le temps de séchage peut varier en fonction de la quantité de mastic appliquée et des conditions environnementales.

Ponçage et finition : Une fois que le mastic de jointoiement est complètement sec, utilisez du papier de verre fin pour lisser légèrement la surface et éliminer les imperfections. Poncez avec précaution pour obtenir une surface lisse et uniforme. Ensuite, vous pouvez peindre la zone réparée pour correspondre au reste du mur.

Utilisation d'une toile de réparation auto-adhésive

L'utilisation d'une toile de réparation auto-adhésive est une méthode pratique pour reboucher les grands trous dans les murs. Voici les étapes à suivre :

Préparation de la zone : Commencez par nettoyer soigneusement la zone autour du trou pour enlever toute saleté, poussière ou débris. Assurez-vous que la zone est sèche avant de commencer les réparations.

Découpe de la toile de réparation : Découpez une toile de réparation auto-adhésive légèrement plus grande que le trou à combler à l'aide de ciseaux ou d'un cutter.

Application de la toile : Retirez le film protecteur de la toile de réparation auto-adhésive et placez-la sur le trou, en appuyant fermement pour la faire adhérer au mur. Assurez-vous que la toile est bien positionnée et qu'elle recouvre entièrement le trou.

Application du mastic de rebouchage : Appliquez une fine couche de mastic de rebouchage sur les bords de la toile pour combler les espaces et assurer une finition lisse. Utilisez une spatule ou un couteau à mastic pour lisser la surface du mastic et éliminer tout excès.

Séchage : Laissez le mastic de rebouchage sécher complètement selon les instructions du fabricant. Le temps de séchage peut varier en fonction de la quantité de mastic appliquée et des conditions environnementales.

Ponçage et finition : Une fois que le mastic de rebouchage est complètement sec, utilisez du papier de verre fin pour lisser légèrement la surface et éliminer les imperfections. Poncez avec précaution pour obtenir une surface lisse et uniforme. Ensuite, vous pouvez peindre la zone réparée pour correspondre au reste du mur.

En suivant ces étapes, vous devriez pouvoir reboucher efficacement les grands trous dans les murs de votre maison en utilisant une toile de réparation auto-adhésive.

Utilisation de mastic, de plâtre ou d'autres matériaux de remplissage

Lorsqu'il s'agit de reboucher les trous dans les murs, différents matériaux de remplissage peuvent être utilisés en fonction de la taille et de la profondeur du trou, ainsi que du type de surface à réparer. Voici une comparaison des principaux matériaux de remplissage :

Mastic de rebouchage

Le mastic de rebouchage est un matériau polyvalent utilisé pour remplir les petits trous, fissures et imperfections dans les murs, les plafonds et d'autres surfaces. Voici quelques informations importantes sur son utilisation :

Composition : Le mastic de rebouchage est généralement composé d'une base de polymère, telle que l'acrylique ou le latex, mélangée à des charges minérales pour lui donner de la consistance et de la solidité.

Application : Pour utiliser le mastic de rebouchage, commencez par nettoyer la zone à réparer pour éliminer toute saleté, poussière ou débris. Ensuite, appliquez une quantité généreuse de mastic dans le trou ou la fissure à l'aide d'une spatule ou d'un couteau à mastic. Assurez-vous de remplir complètement la zone endommagée.

Lissage : Après avoir appliqué le mastic, utilisez la spatule ou le couteau à mastic pour lisser la surface et éliminer les excès de mastic. Assurez-vous que la surface est uniforme et nivelée avec le reste de la surface environnante.

Séchage : Le mastic de rebouchage nécessite un temps de séchage complet avant d'être poncé ou peint. Le temps de séchage peut varier en fonction de la marque et de la quantité de mastic utilisée, ainsi que des conditions environnementales. Suivez les instructions du fabricant pour connaître le temps de séchage recommandé.

Finition : Une fois que le mastic de rebouchage est complètement sec, vous pouvez poncer légèrement la surface avec du papier de verre fin pour lisser les imperfections et obtenir une finition uniforme. Ensuite, la zone réparée peut être apprêtée et peinte selon vos préférences.

Le mastic de rebouchage est un matériau polyvalent et facile à utiliser pour les réparations de surface dans la maison. Assurez-vous de choisir un produit de qualité et de suivre attentivement les instructions du fabricant pour obtenir les meilleurs résultats.

Plâtre

Le plâtre est un matériau de construction largement utilisé pour la réparation et la finition des murs et des plafonds. Voici quelques informations importantes sur son utilisation :

Composition : Le plâtre est principalement composé de gypse, un minéral naturel, mélangé à de l'eau pour former une pâte. Il peut également contenir des additifs tels que des fibres de renforcement ou des agents de prise pour améliorer ses propriétés.

Application : Pour utiliser le plâtre, commencez par préparer la surface à réparer en nettoyant et en enlevant les débris et la poussière. Ensuite, mélangez le plâtre avec de l'eau selon les instructions du fabricant jusqu'à obtenir une consistance lisse et homogène. Appliquez le plâtre sur la zone à réparer à l'aide d'une truelle ou d'une spatule, en veillant à le lisser uniformément.

Lissage : Une fois que le plâtre est appliqué, utilisez une truelle ou une spatule pour lisser la surface et éliminer les imperfections. Travaillez rapidement, car le plâtre commence à prendre et à durcir rapidement une fois qu'il est appliqué.

Séchage : Le temps de séchage du plâtre peut varier en fonction de la température et de l'humidité de l'air. Laissez le plâtre sécher complètement avant de procéder à toute finition supplémentaire, comme le ponçage ou la peinture.

Finition : Une fois que le plâtre est complètement sec, vous pouvez poncer légèrement la surface avec du papier de verre fin pour lisser les imperfections et obtenir une finition uniforme. Ensuite, la zone réparée peut être apprêtée et peinte selon vos préférences.

Le plâtre est un matériau polyvalent et durable qui peut être utilisé pour créer des surfaces lisses et esthétiques sur les murs et les plafonds. Avec les bons outils et techniques, vous pouvez réaliser des réparations de haute qualité avec du plâtre dans votre maison.

Enduit de rebouchage

L'enduit de rebouchage est un matériau de construction utilisé pour remplir les fissures, les trous et les imperfections dans les murs et les plafonds. Voici quelques informations importantes sur son utilisation :

Composition : L'enduit de rebouchage est généralement composé de plâtre ou de composés à base de polymères, mélangés à des charges minérales et des additifs pour améliorer ses propriétés d'adhérence et de durcissement.

Application : Pour utiliser l'enduit de rebouchage, commencez par préparer la surface à réparer en nettoyant et en enlevant les débris et la poussière. Ensuite, appliquez une couche généreuse d'enduit de rebouchage sur la zone à réparer à l'aide d'une truelle ou d'une spatule. Assurez-vous de remplir complètement la zone endommagée.

Lissage : Après avoir appliqué l'enduit de rebouchage, utilisez une truelle ou une spatule pour lisser la surface et éliminer les excès de matériau. Assurez-vous que la surface est uniforme et nivelée avec le reste de la surface environnante.

Séchage : L'enduit de rebouchage nécessite un temps de séchage complet avant d'être poncé ou peint. Le temps de séchage peut varier en fonction de la marque et de la quantité de matériau utilisée, ainsi que des conditions environnementales. Suivez les instructions du fabricant pour connaître le temps de séchage recommandé.

Ponçage et finition : Une fois que l'enduit de rebouchage est complètement sec, utilisez du papier de verre fin pour lisser légèrement la surface et éliminer les imperfections. Poncez avec précaution pour obtenir une surface lisse et uniforme. Ensuite, la zone réparée peut être apprêtée et peinte selon vos préférences.

L'enduit de rebouchage est un matériau polyvalent et facile à utiliser pour les réparations de surface dans la maison. Assurez-vous de choisir un produit de qualité et de suivre attentivement les instructions du fabricant pour obtenir les meilleurs résultats.

Pâte à bois

La pâte à bois est un matériau de réparation couramment utilisé pour combler les trous, les fissures et les imperfections dans le bois. Voici quelques informations importantes sur son utilisation :

Composition : La pâte à bois est généralement composée de fibres de bois mélangées à une résine ou un liant. Certains produits peuvent également contenir des additifs pour améliorer leurs propriétés d'adhérence, de séchage et de durabilité.

Application : Pour utiliser la pâte à bois, commencez par nettoyer la zone à réparer en enlevant toute saleté, poussière ou débris. Ensuite, prélevez une petite quantité de pâte à bois avec une spatule ou un couteau à mastic, et appliquez-la dans le trou ou la fissure à combler. Assurez-vous de remplir complètement la zone endommagée.

Lissage : Après avoir appliqué la pâte à bois, utilisez la spatule ou le couteau à mastic pour lisser la surface et éliminer les excès de matériau. Assurez-vous que la surface est uniforme et nivelée avec le reste de la surface environnante.

Séchage : La pâte à bois nécessite un temps de séchage complet avant d'être poncée ou peinte. Le temps de séchage peut varier en fonction de la marque et de la quantité de pâte utilisée, ainsi que des conditions environnantes. Suivez les instructions du fabricant pour connaître le temps de séchage recommandé.

Ponçage et finition : Une fois que la pâte à bois est complètement sèche, utilisez du papier de verre fin pour lisser légèrement la surface et éliminer les imperfections. Poncez avec précaution pour obtenir une surface lisse et uniforme. Ensuite, la zone réparée peut être teintée, vernie ou peinte pour correspondre au reste du bois.

Toile de réparation auto-adhésive

La toile de réparation auto-adhésive est un matériau pratique et efficace pour combler les grands trous et les fissures dans les murs et les plafonds. Voici quelques informations importantes sur son utilisation :

Composition : La toile de réparation auto-adhésive est généralement fabriquée à partir de fibres de verre tissées ou d'autres matériaux similaires, renforcés par une couche adhésive à l'arrière. Cette construction lui confère une grande résistance et une adhérence solide sur une variété de surfaces.

Application : Pour utiliser la toile de réparation auto-adhésive, commencez par nettoyer la zone endommagée en enlevant toute saleté, poussière ou débris. Ensuite, découpez une pièce de toile légèrement plus grande que le trou ou la fissure à réparer.

Application de la toile : Retirez le film protecteur de la face adhésive de la toile et placez-la directement sur le trou ou la fissure. Appuyez fermement sur la toile pour assurer une adhérence complète et éliminer les bulles d'air.

Renforcement : Une fois la toile en place, vous pouvez appliquer une fine couche de mastic de rebouchage ou de plâtre sur la surface pour renforcer la réparation. Assurez-vous de lisser le mastic ou le plâtre pour obtenir une surface uniforme.

Séchage : Laissez le mastic ou le plâtre sécher complètement selon les instructions du fabricant. Le temps de séchage peut varier en fonction du type et de la quantité de matériau utilisé, ainsi que des conditions environnementales.

Finition : Une fois que la réparation est complètement sèche, vous pouvez poncer légèrement la surface pour lisser les imperfections et préparer la zone pour la peinture ou toute autre finition souhaitée.

La toile de réparation auto-adhésive est une solution rapide et efficace pour les réparations de surface dans la maison. Elle offre une excellente adhérence et un renforcement solide, ce qui en fait un choix populaire pour les réparations de murs et de plafonds endommagés.

Préparation de la surface

Ponçage et nettoyage de la surface à réparer pour assurer une adhérence optimale

Avant de commencer toute réparation, il est essentiel de préparer correctement la surface à réparer pour assurer une adhérence optimale du matériau de remplissage. Voici les étapes générales pour préparer la surface :

Ponçage

Pour réaliser un ponçage efficace lors de la préparation d'une surface à réparer, suivez ces étapes :

Choix du papier de verre : Sélectionnez le bon grain de papier de verre en fonction de la surface à poncer. Pour les surfaces rugueuses ou pour enlever de la peinture ou du vernis, utilisez un grain plus grossier (60 à 100). Pour lisser la surface et enlever les marques laissées par le ponçage grossier, utilisez un grain plus fin (120 à 220).

Protection : Portez des lunettes de protection et un masque respiratoire pour vous protéger contre la poussière et les particules pendant le ponçage.

Ponçage initial : Commencez par poncer la surface à réparer en effectuant des mouvements réguliers et uniformes. Assurez-vous de couvrir toute la zone à réparer pour obtenir une surface uniforme.

Inspection : Arrêtez-vous régulièrement pour inspecter la surface et évaluer la progression du ponçage. Assurez-vous que les bords rugueux sont lissés et que la surface est uniforme.

Nettoyage : Utilisez un chiffon humide ou un aspirateur pour enlever la poussière et les particules de la surface poncée. Assurez-vous que la surface est propre et exempte de tout résidu avant de continuer.

Ponçage de finition : Si nécessaire, passez à un papier de verre plus fin pour lisser davantage la surface et éliminer les marques laissées par le ponçage initial. Utilisez des mouvements doux et réguliers pour obtenir une finition lisse et uniforme.

Inspectez à nouveau : Après le ponçage de finition, inspectez à nouveau la surface pour vous assurer qu'elle est prête pour la réparation. Assurez-vous qu'il n'y a pas de zones rugueuses ou de défauts visibles.

Nettoyage

Pour effectuer un nettoyage efficace lors de la préparation d'une surface à réparer, suivez ces étapes :

Enlevez la poussière et les débris : Utilisez un chiffon sec ou une brosse douce pour enlever la poussière et les débris de la surface à réparer. Assurez-vous de nettoyer soigneusement toute la zone pour éliminer tout résidu qui pourrait affecter l'adhérence du matériau de remplissage.

Utilisez un chiffon humide : Si la surface est particulièrement sale, utilisez un chiffon humide pour enlever la saleté et les taches tenaces. Veillez à ne pas trop mouiller la surface, surtout si elle est en bois ou en plâtre.

Séchez la surface : Après avoir nettoyé la surface, laissez-la sécher complètement avant de continuer. Assurez-vous que la surface est totalement sèche pour garantir une adhérence optimale du matériau de remplissage.

Inspectez la surface : Une fois la surface nettoyée et sèche, inspectez-la attentivement pour détecter tout résidu de saleté ou de débris restant. Enlevez tout ce que vous pourriez avoir manqué lors du nettoyage initial.

Préparez-vous à la réparation : Une fois que la surface est propre et sèche, elle est prête à recevoir le matériau de remplissage. Assurez-vous d'avoir tous les outils et matériaux nécessaires à portée de main avant de commencer la réparation.

Élimination des anciens matériaux

Pour éliminer les anciens matériaux de remplissage ou les revêtements de surface autour du trou ou de la fissure à réparer, suivez ces étapes :

Inspectez la zone : Examinez attentivement la zone à réparer pour repérer les anciens matériaux de remplissage, tels que du mastic, du plâtre ou de la peinture, ainsi que les revêtements de surface, comme du papier peint ou de la toile de verre.

Utilisez un outil approprié : Sélectionnez l'outil approprié en fonction du type de matériau à éliminer. Par exemple, utilisez un couteau à mastic ou une spatule pour gratter et enlever le mastic ou le plâtre, et utilisez un grattoir ou un décapant de papier peint pour enlever le papier peint ou la toile de verre.

Travaillez avec précaution : Soyez prudent lorsque vous grattez ou enlevez les anciens matériaux pour éviter d'endommager la surface environnante. Utilisez des mouvements lents et contrôlés pour minimiser les dommages.

Enlevez les résidus : Une fois que vous avez enlevé autant de matériau que possible, utilisez un chiffon humide ou une brosse douce pour enlever les résidus restants. Assurez-vous de nettoyer soigneusement la zone pour éliminer tout résidu qui pourrait affecter l'adhérence du nouveau matériau de remplissage.

Inspectez la zone : Une fois que vous avez éliminé les anciens matériaux, inspectez la zone pour vous assurer qu'elle est propre et prête pour la réparation. Enlevez tout résidu ou débris restants que vous pourriez avoir manqué lors du nettoyage initial.

Application d'un apprêt

L'application d'un apprêt est souvent nécessaire pour améliorer l'adhérence du matériau de remplissage sur certaines surfaces poreuses ou difficiles à adhérer, comme le plâtre ou le bois. Voici comment appliquer un apprêt :

Choisissez l'apprêt approprié : Sélectionnez un apprêt conçu pour être utilisé sur la surface spécifique que vous allez réparer. Il existe des apprêts spécifiques pour le bois, le plâtre, le métal et d'autres matériaux.

Préparez la surface : Assurez-vous que la surface à apprêter est propre, sèche et exempte de poussière, de saleté et de débris. Si nécessaire, utilisez du papier de verre pour lisser la surface et enlever les imperfections.

Mélangez l'apprêt : Remuez bien l'apprêt avec une baguette de mélange pour vous assurer qu'il est uniformément mélangé. Suivez les instructions du fabricant pour le temps de mélange recommandé.

Appliquez l'apprêt : Utilisez un pinceau, un rouleau ou un pistolet pulvérisateur pour appliquer l'apprêt sur la surface à réparer. Assurez-vous d'appliquer une couche uniforme et complète, en veillant à couvrir toute la zone à traiter.

Laissez sécher : Laissez l'apprêt sécher complètement selon les instructions du fabricant. Le temps de séchage peut varier en fonction du type d'apprêt et des conditions environnementales.

Inspectez la surface : Une fois que l'apprêt est complètement sec, inspectez la surface pour vous assurer qu'elle est uniformément apprêtée et prête pour la réparation. Si nécessaire, appliquez une deuxième couche d'apprêt pour une meilleure adhérence.

Poursuivez avec la réparation : Une fois que l'apprêt est sec et que la surface est prête, vous pouvez continuer avec la réparation en utilisant le matériau de remplissage approprié.

Application de la peinture ou du revêtement

Choix de la peinture ou du revêtement approprié pour la surface réparée

Le choix de la peinture ou du revêtement approprié pour la surface réparée dépend de plusieurs facteurs, notamment le type de surface, l'emplacement de la réparation et le résultat souhaité. Voici quelques considérations importantes pour vous aider à choisir le bon produit :

Type de surface : Assurez-vous de choisir une peinture ou un revêtement compatible avec le matériau de la surface réparée. Par exemple, certaines peintures sont spécifiquement formulées pour être utilisées sur le plâtre, le bois, le métal, etc.

Emplacement de la réparation : Si la surface réparée se trouve à l'intérieur de la maison, vous pouvez opter pour une peinture intérieure. Si la réparation est à l'extérieur, choisissez une peinture extérieure conçue pour résister aux intempéries et aux variations de température.

Finis disponibles : Les peintures et les revêtements sont disponibles dans une variété de finis, tels que mat, satiné, semi-brillant et brillant. Choisissez un fini qui convient à la pièce ou à l'espace.

Couleur : Sélectionnez une couleur de peinture ou de revêtement qui correspond à votre décor existant ou à vos préférences personnelles. Vous pouvez également choisir une couleur assortie pour masquer la réparation ou opter pour un contraste pour mettre en valeur la zone réparée.

Propriétés spécifiques : Si nécessaire, choisissez une peinture ou un revêtement avec des propriétés spécifiques, telles que la résistance aux taches, l'effet antimicrobien, la résistance à l'humidité, etc., en fonction des besoins de la surface réparée.

Suivez les recommandations du fabricant : Assurez-vous de suivre les recommandations du fabricant concernant l'application et la préparation de la peinture ou du revêtement choisi. Cela garantira les meilleurs résultats et une durabilité maximale de la réparation.

Type de surface

Le type de surface à réparer joue un rôle crucial dans le choix de la peinture ou du revêtement approprié. Voici quelques types de surfaces courantes et les recommandations associées :

Plâtre : Pour les surfaces en plâtre, vous pouvez utiliser une peinture acrylique standard pour l'intérieur. Assurez-vous que le plâtre est complètement sec avant d'appliquer la peinture. Si la surface est sujette à l'humidité, vous pouvez également opter pour une peinture spécifique résistante à l'humidité.

Bois : Pour les surfaces en bois, utilisez une peinture ou une teinture conçue pour le bois. Assurez-vous de préparer correctement la surface en la ponçant et en appliquant un apprêt si nécessaire. Pour les surfaces extérieures en bois, choisissez une peinture extérieure résistante aux intempéries.

Métal : Pour les surfaces métalliques, utilisez une peinture époxy ou une peinture antirouille spécialement conçue pour le métal. Assurez-vous de nettoyer et de dégraisser la surface avant d'appliquer la peinture pour une adhérence optimale.

Béton : Pour les surfaces en béton, vous pouvez utiliser une peinture ou un revêtement spécifique pour le béton. Assurez-vous que la surface est propre et exempte de toute contamination avant d'appliquer la peinture ou le revêtement.

Plaque de plâtre (placoplâtre) : Pour les surfaces en plaque de plâtre, utilisez une peinture spécifique pour le placo-plâtre ou une peinture pour l'intérieur. Assurez-vous de préparer la surface en comblant les fissures et en ponçant légèrement les zones rugueuses avant d'appliquer la peinture.

Autres surfaces : Pour d'autres types de surfaces, tels que le PVC, le carrelage ou le verre, utilisez des peintures ou des revêtements spécifiques conçus pour ces matériaux.

Emplacement de la réparation

L'emplacement de la réparation influence également le choix de la peinture ou du revêtement approprié. Voici quelques considérations spécifiques à prendre en compte en fonction de l'emplacement de la surface réparée :

Intérieur : Pour les surfaces à l'intérieur de la maison, telles que les murs, les plafonds et les menuiseries intérieures, vous pouvez utiliser des peintures intérieures standard. Assurez-vous de choisir un produit adapté à la pièce spécifique, par exemple une peinture résistante à l'humidité pour les salles de bains et les cuisines.

Extérieur : Pour les surfaces extérieures, comme les façades, les portes, les fenêtres et les clôtures, utilisez des peintures extérieures spécifiquement conçues pour résister aux intempéries, aux rayons UV et à l'humidité. Les peintures extérieures offrent une protection supplémentaire contre les conditions météorologiques et garantissent une durabilité maximale.

Zones à fort trafic : Pour les zones sujettes à une usure importante, telles que les couloirs, les escaliers et les surfaces de plancher, choisissez des peintures ou des revêtements spécifiquement formulés pour résister à l'abrasion et à l'usure. Les peintures époxy et les vernis à base de polyuréthane sont souvent utilisés dans ces zones pour une protection accrue.

Surfaces humides : Pour les surfaces exposées à l'humidité, comme les salles de bains, les cuisines et les buanderies, utilisez des peintures spécifiquement formulées pour résister à la moisissure et à l'humidité. Ces peintures offrent une protection supplémentaire contre les taches et la décoloration causées par l'humidité.

Surfaces extérieures en bois : Pour les surfaces en bois à l'extérieur, comme les terrasses, les clôtures et les meubles de jardin, utilisez des peintures ou des vernis extérieurs spécifiquement conçus pour le bois. Assurez-vous de choisir un produit qui offre une protection contre les rayons UV et les intempéries pour éviter le fendillement, le gauchissement et la décoloration du bois.

Finis disponibles

Les finis disponibles pour les peintures et les revêtements varient en fonction du fabricant et du type de produit, mais voici quelques finis courants que vous pouvez trouver sur le marché :

Mat : Le fini mat est non réfléchissant et offre une apparence lisse et uniforme. Il est idéal pour masquer les imperfections de surface et donne une apparence moderne et sophistiquée. Le fini mat est souvent utilisé dans les zones à faible trafic où la durabilité n'est pas une préoccupation majeure.

Satiné : Le fini satiné offre un léger lustre qui ajoute de la profondeur à la couleur tout en étant moins réfléchissant que le fini brillant. Il est facile à nettoyer et résistant aux taches, ce qui en fait un choix populaire pour les murs intérieurs dans les zones à trafic moyen à élevé, comme les salons et les couloirs.

Semi-brillant : Le fini semi-brillant offre une légère brillance qui reflète la lumière et donne une apparence lumineuse à la surface. Il est durable, facile à nettoyer et résistant aux taches, ce qui le rend idéal pour les surfaces sujettes à l'humidité, comme les salles de bains et les cuisines, ainsi que pour les boiseries intérieures et extérieures.

Brillant : Le fini brillant offre une brillance élevée et un aspect lustré. Il est très réfléchissant et met en valeur les détails et les textures de la surface. Le fini brillant est extrêmement durable, résistant aux taches et facile à nettoyer, ce qui en fait un choix populaire pour les surfaces à fort trafic, telles que les portes, les fenêtres et les boiseries extérieures.

Velouté : Le fini velouté offre une texture douce et veloutée qui ajoute de la chaleur et de la profondeur à la surface. Il est moins réfléchissant que le fini satiné mais plus durable que le fini mat. Le fini velouté est idéal pour les murs intérieurs dans les zones à faible trafic, comme les chambres à coucher et les salles de séjour.

En choisissant le bon fini pour votre projet de réparation, vous pouvez créer l'ambiance souhaitée et obtenir des résultats durables. Assurez-vous de tenir compte de l'utilisation prévue de la surface, du niveau de trafic et de vos préférences personnelles lors de la sélection du fini approprié.

Couleur

Le choix de la couleur de la peinture ou du revêtement est une décision importante qui peut avoir un impact significatif sur l'ambiance d'une pièce ou d'un espace. Voici quelques considérations à prendre en compte lors du choix de la couleur :

Coordination avec le décor existant : Choisissez une couleur qui complète le décor existant de la pièce ou de l'espace. Tenez compte des couleurs des meubles, des textiles, des accessoires et des revêtements de sol pour créer une harmonie visuelle.

Éclairage : Considérez l'éclairage naturel et artificiel de la pièce. Les couleurs peuvent paraître différentes à la lumière naturelle du jour par rapport à la lumière artificielle. Faites des tests de couleur dans la pièce pour voir comment elles apparaissent à différents moments de la journée.

Effet sur l'espace : Les couleurs claires ont tendance à agrandir visuellement l'espace et à refléter la lumière, ce qui est idéal pour les petites pièces ou les espaces sombres. Les couleurs sombres peuvent créer une ambiance chaleureuse et intime, mais peuvent aussi rendre l'espace plus petit.

Contraste : Vous pouvez choisir de créer un contraste avec la couleur des murs en sélectionnant une couleur de peinture ou de revêtement qui se démarque des autres éléments de la pièce. Cela peut être réalisé en choisissant une couleur plus foncée ou plus vive pour créer un point focal visuel.

Évolution du style : Considérez si la couleur choisie correspond à votre style de vie et à vos préférences à long terme. Les tendances en matière de couleur peuvent changer, alors assurez-vous de choisir une couleur qui vous plaira pendant plusieurs années.

En prenant en compte ces considérations, vous pouvez choisir une couleur de peinture ou de revêtement qui crée l'ambiance désirée et complète le décor de votre maison de manière harmonieuse.

Propriétés spécifiques

Lors du choix d'une peinture ou d'un revêtement pour une surface réparée, il est important de tenir compte des propriétés spécifiques nécessaires pour répondre aux besoins particuliers de la zone. Voici quelques propriétés spécifiques à considérer :

Résistance à l'humidité : Pour les zones sujettes à l'humidité, comme les salles de bains, les cuisines et les buanderies, choisissez une peinture ou un revêtement spécialement formulé pour résister à l'humidité. Ces produits empêchent la croissance de moisissures et de mildiou et offrent une protection supplémentaire contre les taches d'eau.

Résistance à la moisissure : Si vous réparez une surface dans une zone humide ou sujette à la condensation, assurez-vous de choisir une peinture ou un revêtement avec des propriétés anti-moisissures. Ces produits contiennent des agents fongicides qui empêchent la croissance de moisissures et de mildiou.

Résistance aux taches : Pour les zones à fort trafic ou sujettes aux taches, choisissez une peinture ou un revêtement résistant aux taches. Ces produits sont faciles à nettoyer et offrent une protection supplémentaire contre les taches de nourriture, de graisse, de crayon et d'autres substances courantes.

Résistance aux rayons UV : Pour les surfaces extérieures exposées au soleil, comme les portes, les fenêtres et les clôtures, optez pour une peinture ou un revêtement résistant aux rayons UV. Ces produits offrent une protection contre la décoloration, le gauchissement et le craquèlement causés par l'exposition prolongée au soleil.

Séchage rapide : Si vous avez besoin d'une réparation rapide ou si vous avez peu de temps pour effectuer le travail, choisissez une peinture ou un revêtement à séchage rapide. Ces produits sèchent en quelques heures, ce qui vous permet de terminer le projet plus rapidement.

Faible odeur : Pour les zones sensibles aux odeurs, comme les chambres à coucher et les espaces de vie, choisissez une peinture ou un revêtement à faible odeur. Ces produits émettent moins de composés organiques volatils (COV) et ont une odeur moins forte pendant l'application et le séchage.

En tenant compte de ces propriétés spécifiques, vous pouvez choisir la peinture ou le revêtement qui répond le mieux aux besoins de la surface réparée, assurant ainsi des résultats durables.

Suivez les recommandations du fabricant

Suivre les recommandations du fabricant est essentiel pour obtenir les meilleurs résultats lors de l'application de la peinture ou du revêtement. Voici pourquoi il est important de le faire :

Performance optimale : Les fabricants testent leurs produits dans des conditions spécifiques pour garantir une performance optimale. En suivant leurs recommandations, vous vous assurez d'obtenir les résultats prévus, tels que la durabilité, la résistance aux taches et la facilité d'entretien.

Adhérence et durabilité : Les instructions du fabricant concernant la préparation de la surface, l'application du produit et les temps de séchage garantissent une adhérence maximale et une durabilité accrue. Ignorer ces recommandations peut entraîner un mauvais résultat et une dégradation prématurée du revêtement.

Sécurité : Certains produits peuvent être dangereux s'ils sont utilisés incorrectement. Les recommandations du fabricant incluent souvent des consignes de sécurité importantes, telles que l'aération adéquate, l'utilisation d'équipement de protection individuelle et la manipulation appropriée des produits chimiques.

Compatibilité : Les produits de peinture et de revêtement peuvent interagir de manière inattendue avec d'autres matériaux ou produits chimiques. Les recommandations du fabricant vous aident à éviter les incompatibilités et les problèmes potentiels, tels que le gommage, l'écaillage ou la décoloration.

Garantie : Certains fabricants offrent des garanties sur leurs produits, mais ces garanties peuvent être invalidées si les produits ne sont pas utilisés conformément aux instructions du fabricant. En suivant les recommandations, vous pouvez conserver votre droit à une éventuelle indemnisation en cas de problème.

Techniques d'application pour obtenir un fini uniforme

Pour obtenir un fini uniforme lors de l'application de la peinture ou du revêtement, voici quelques techniques à suivre :

Préparation de la surface : Assurez-vous que la surface à peindre est propre, lisse et exempte de toute poussière, saleté ou graisse. Si nécessaire, poncez légèrement la surface pour éliminer les imperfections et utilisez un apprêt pour sceller la surface et améliorer l'adhérence de la peinture.

Utilisation de la bonne quantité de produit : Chargez votre pinceau ou votre rouleau avec une quantité suffisante de peinture ou de revêtement, mais évitez de surcharger l'outil. Trop de peinture peut créer des coulures et des gouttes, tandis que trop peu peut entraîner un fini inégal.

Application régulière : Appliquez la peinture ou le revêtement de manière régulière et uniforme sur toute la surface, en utilisant des mouvements lents et contrôlés. Évitez les gestes brusques qui pourraient créer des marques ou des lignes visibles.

Technique de croisement : Utilisez une technique de croisement pour assurer une couverture uniforme. Commencez par peindre une bande verticale ou horizontale sur toute la longueur de la surface, puis revenez en arrière en croisant cette bande avec des mouvements verticaux ou horizontaux pour répartir la peinture de manière uniforme.

Travail par sections : Divisez la surface en sections plus petites et travaillez sur une section à la fois pour éviter que la peinture ne sèche avant d'être répartie uniformément. Assurez-vous de terminer chaque section avant de passer à la suivante pour éviter les joints visibles.

Élimination des traces de pinceau : Si vous utilisez un pinceau, assurez-vous d'appliquer la peinture dans le sens du grain pour éviter les traces de pinceau visibles. Pour les rouleaux, utilisez une pression uniforme et évitez les mouvements trop rapides qui pourraient laisser des marques.

Égalisation des surplus : Après avoir appliqué la peinture ou le revêtement, passez légèrement sur la surface avec un pinceau ou un rouleau propre pour égaliser les surplus et lisser le fini. Assurez-vous de le faire pendant que la peinture est encore humide pour éviter les marques.

En suivant ces techniques d'application, vous pouvez obtenir un fini uniforme et professionnel sur vos surfaces peintes ou revêtues. N'oubliez pas de lire attentivement les instructions du fabricant et de pratiquer sur une petite zone avant de travailler sur toute la surface pour vous assurer d'obtenir les meilleurs résultats possibles.

Préparation de la surface

La préparation de la surface est une étape essentielle pour garantir un résultat de qualité lors de l'application de la peinture ou du revêtement. Voici les étapes à suivre pour préparer efficacement la surface :

Nettoyage : Commencez par nettoyer soigneusement la surface à l'aide d'un chiffon humide pour éliminer la poussière, la saleté, la graisse et toute autre contamination. Si nécessaire, utilisez un détergent doux pour enlever les taches tenaces.

Réparation des imperfections : Réparez les imperfections de surface telles que les fissures, les trous et les éclats en utilisant des produits de remplissage appropriés. Laissez sécher complètement et poncez légèrement pour obtenir une surface lisse et uniforme.

Ponçage : Poncez la surface pour enlever les irrégularités, lisser les surfaces rugueuses et créer une texture uniforme. Utilisez du papier de verre de grain moyen à fin en fonction de l'état de la surface. Assurez-vous de bien nettoyer la poussière de ponçage après cette étape.

Dégraissage : Si la surface est sujette à l'accumulation de graisse ou de saleté, dégraissez-la à l'aide d'un dégraissant approprié. Cela garantira une meilleure adhérence de la peinture ou du revêtement.

Protection des zones adjacentes : Protégez les zones adjacentes qui ne doivent pas être peintes à l'aide de ruban adhésif de masquage et de bâches en plastique. Cela évitera les éclaboussures et les dégâts involontaires sur d'autres surfaces.

Utilisation de la bonne quantité de produit

Utiliser la bonne quantité de produit est essentiel obtenir un résultat de qualité lors de l'application de la peinture ou du revêtement. Voici quelques conseils pour vous aider à déterminer la quantité de produit à utiliser :

Chargez correctement votre pinceau ou votre rouleau : Assurez-vous de charger votre pinceau ou votre rouleau avec une quantité suffisante de peinture ou de revêtement, mais évitez de surcharger l'outil. Vous voulez une couche uniforme sans gouttes ni coulures excessives.

Évitez la surapplication : Appliquer trop de peinture peut entraîner des problèmes tels que les coulures, les éclaboussures et les bulles. Appliquez une couche uniforme et légère, en étalant la peinture ou le revêtement de manière régulière sur toute la surface.

Travaillez par petites sections : Divisez la surface en sections plus petites et travaillez sur une section à la fois. Cela vous permettra de contrôler la quantité de produit que vous appliquez et d'éviter la surapplication.

Appliquez plusieurs couches fines si nécessaire : Si vous avez besoin d'une couverture supplémentaire, il vaut mieux appliquer plusieurs couches fines plutôt qu'une seule couche épaisse. Cela permettra d'obtenir un fini plus uniforme et une meilleure adhérence.

Évaluez au fur et à mesure : Pendant que vous travaillez, évaluez régulièrement la quantité de produit que vous utilisez et ajustez si nécessaire. Il est plus facile d'ajouter plus de peinture que d'en enlever une fois qu'elle est appliquée.

Suivez les instructions du fabricant : Les instructions du fabricant fournissent souvent des recommandations spécifiques sur la quantité de produit à utiliser et la méthode d'application appropriée. Assurez-vous de les suivre attentivement pour obtenir les meilleurs résultats.

En utilisant la bonne quantité de produit et en appliquant de manière uniforme, vous pouvez obtenir un résultat durable pour votre projet de rénovation. N'hésitez pas à pratiquer sur une petite zone avant de travailler sur toute la surface pour vous familiariser avec la quantité de produit nécessaire et la technique d'application appropriée.

Application régulière

Pour obtenir un fini uniforme lors de l'application de la peinture ou du revêtement, il est essentiel d'appliquer le produit de manière régulière sur toute la surface. Voici quelques conseils pour assurer une application régulière :

Contrôlez votre vitesse : Appliquez la peinture ou le revêtement avec des mouvements lents et contrôlés pour éviter les gestes brusques qui pourraient créer des marques ou des lignes visibles.

Utilisez des mouvements cohérents : Que vous utilisiez un pinceau, un rouleau ou un pulvérisateur, maintenez des mouvements réguliers et cohérents pour répartir uniformément le produit sur la surface. Évitez les mouvements irréguliers qui pourraient créer des variations dans l'épaisseur de la couche.

Travaillez dans une direction constante : Choisissez une direction dans laquelle vous appliquerez la peinture ou le revêtement et maintenez cette direction tout au long du processus. Évitez de changer de direction en cours de route pour éviter les variations dans l'apparence du fini.

Évitez de surcharger l'outil : Assurez-vous de charger votre pinceau ou votre rouleau avec une quantité appropriée de produit, mais évitez de surcharger l'outil. Trop de peinture peut entraîner des coulures et des gouttes, tandis que trop peu peut donner un fini inégal.

Appliquez une pression uniforme : Que vous utilisiez un pinceau ou un rouleau, appliquez une pression uniforme sur toute la surface pour garantir une répartition uniforme du produit. Évitez d'appuyer trop fort, ce qui pourrait créer des marques indésirables.

Travaillez par sections : Divisez la surface en sections plus petites et travaillez sur une section à la fois pour vous assurer de couvrir toute la surface de manière régulière. Cela permettra également d'éviter que la peinture ou le revêtement ne sèche avant d'être réparti uniformément.

En suivant ces conseils et en pratiquant une application régulière, vous pouvez obtenir un fini uniforme et professionnel pour votre projet de rénovation. N'oubliez pas de suivre les instructions du fabricant pour obtenir les meilleurs résultats possibles.

Technique de croisement

La technique de croisement est une méthode efficace pour assurer une couverture uniforme et un fini lisse lors de l'application de la peinture ou du revêtement. Voici comment procéder :

Commencez par une bande : Démarrez en appliquant une bande de peinture ou de revêtement le long du haut ou du bas de la surface à peindre. Utilisez un pinceau ou un rouleau pour couvrir environ la largeur de votre outil.

Revenez en arrière : Après avoir appliqué la première bande, revenez en arrière en croisant cette bande avec des mouvements perpendiculaires. Par exemple, si vous avez appliqué la première bande verticalement, revenez en arrière en appliquant une deuxième bande horizontalement.

Répartissez uniformément : En croisant les bandes, assurez-vous de répartir uniformément la peinture ou le revêtement sur toute la surface. Utilisez des mouvements réguliers et cohérents pour éviter les variations dans l'épaisseur de la couche.

Recouvrez les zones précédentes : Assurez-vous de recouvrir légèrement les zones précédemment peintes ou revêtues avec chaque nouvelle bande. Cela garantira une couverture uniforme et évitera les lignes de démarcation visibles entre les sections.

Travaillez par sections : Divisez la surface en sections plus petites et travaillez sur une section à la fois en utilisant la technique de croisement. Cela vous permettra de contrôler la quantité de produit que vous appliquez et d'éviter que la peinture ou le revêtement ne sèche avant d'être réparti uniformément.

En utilisant la technique de croisement, vous pouvez obtenir un fini uniforme et professionnel pour votre projet de rénovation. Assurez-vous de pratiquer sur une petite zone avant de travailler sur toute la surface pour vous familiariser avec la technique et obtenir les meilleurs résultats possibles.

Travail par sections

Travailler par sections est une méthode efficace pour assurer une application uniforme de la peinture ou du revêtement, surtout sur de grandes surfaces. Voici comment procéder :

Divisez la surface : Commencez par diviser la surface à peindre en sections plus petites et plus gérables. La taille des sections dépendra de la taille de la surface totale et de votre capacité à travailler efficacement.

Commencez par une section : Choisissez une section pour commencer et concentrez-vous sur cette zone avant de passer à la suivante. Il est généralement préférable de commencer par la section la plus éloignée de la sortie ou de l'entrée pour éviter de vous retrouver coincé.

Appliquez la peinture ou le revêtement : Une fois que vous avez sélectionné une section, appliquez la peinture ou le revêtement en utilisant la technique de votre choix, comme la technique de croisement ou l'application régulière. Assurez-vous de couvrir toute la section de manière uniforme.

Terminez une section avant de passer à la suivante : Travaillez sur une section à la fois et terminez-la complètement avant de passer à la suivante. Cela garantira une couverture uniforme et évitera les lignes de démarcation visibles entre les sections.

Permettez le séchage : Une fois que vous avez terminé une section, permettez à la peinture ou au revêtement de sécher complètement avant de passer à la suivante. Cela évitera les dommages accidentels et assurera des résultats durables.

Répétez le processus : Continuez à travailler par sections jusqu'à ce que toute la surface soit couverte. Assurez-vous de suivre les mêmes étapes pour chaque section afin d'obtenir un fini uniforme sur toute la surface.

Élimination des traces de pinceau

Pour éliminer les traces de pinceau et obtenir un fini lisse et uniforme lors de l'application de la peinture, voici quelques conseils utiles :

Choisissez le bon pinceau : Utilisez un pinceau de haute qualité adapté au type de peinture que vous utilisez et à la surface que vous peignez. Les pinceaux à poils synthétiques sont souvent recommandés pour les peintures à base d'eau, tandis que les pinceaux à poils naturels sont mieux adaptés aux peintures à base d'huile.

Chargez le pinceau correctement : Chargez le pinceau avec une quantité suffisante de peinture, mais évitez de le surcharger. Trop de peinture sur le pinceau peut entraîner des coulures et des gouttes, ainsi que des traces de pinceau visibles sur la surface.

Utilisez une pression légère : Appliquez la peinture avec une pression légère et régulière pour éviter de laisser des traces de pinceau sur la surface. Évitez d'appuyer trop fort, ce qui pourrait forcer la peinture dans les bords du pinceau et créer des marques indésirables.

Travaillez rapidement et dans le sens du grain : Travaillez rapidement pour étaler la peinture uniformément sur la surface, en suivant toujours le grain du bois ou la direction de la surface. Évitez les mouvements de va-et-vient qui pourraient laisser des marques de pinceau visibles.

Lissez les traces de pinceau : Après avoir appliqué la peinture, passez légèrement sur la surface avec un pinceau propre et légèrement humide pour lisser les traces de pinceau et obtenir un fini plus uniforme. Assurez-vous de le faire pendant que la peinture est encore humide.

Utilisez une peinture de qualité : Les peintures de qualité supérieure ont souvent une meilleure viscosité et une meilleure capacité de nivellement, ce qui peut réduire les traces de pinceau et offrir un fini plus lisse. Investir dans une peinture de qualité peut donc faire une grande différence dans le résultat final.

En suivant ces conseils, vous devriez être en mesure d'obtenir un fini lisse et uniforme sans traces de pinceau visibles sur votre surface peinte. N'oubliez pas de pratiquer sur une petite zone avant de travailler sur toute la surface pour vous familiariser avec la technique et obtenir les meilleurs résultats possibles.

Égalisation des surplus

Pour égaliser les surplus de peinture et obtenir un fini lisse et uniforme, voici quelques étapes à suivre :

Utilisez un pinceau propre : Après avoir appliqué la peinture sur la surface, utilisez un pinceau propre et sec pour égaliser les surplus.

Assurez-vous que le pinceau est propre pour éviter de transférer de la saleté ou des débris sur la surface fraîchement peinte.

Travaillez rapidement : Agissez rapidement pour égaliser les surplus de peinture pendant que la peinture est encore humide. Cela facilitera le processus d'égalisation et garantira un fini plus uniforme.

Utilisez des mouvements légers et fluides : Utilisez le pinceau pour lisser doucement la surface, en effectuant des mouvements légers et fluides. Évitez les gestes brusques qui pourraient perturber la texture de la peinture ou laisser des marques indésirables.

Travaillez par petites sections : Divisez la surface en sections plus petites et travaillez sur une section à la fois. Cela vous permettra de contrôler efficacement le processus d'égalisation et d'obtenir un fini uniforme sur toute la surface.

Essuyez l'excès de peinture : Si vous remarquez un excès de peinture ou des gouttes, utilisez un chiffon propre et légèrement humide pour les essuyer doucement. Assurez-vous de le faire délicatement pour éviter de perturber la peinture fraîchement appliquée.

Évitez de surtravailler la peinture : Évitez de trop travailler la peinture pour égaliser les surplus, car cela pourrait créer des marques ou des imperfections sur la surface. Une fois que vous avez égalisé les surplus, laissez la peinture sécher complètement selon les instructions du fabricant.

En suivant ces étapes, vous devriez être en mesure d'égaliser les surplus de peinture et d'obtenir un fini lisse et uniforme sur votre surface peinte. N'oubliez pas de pratiquer sur une petite zone avant de travailler sur toute la surface pour vous familiariser avec la technique et obtenir les meilleurs résultats possibles.

Conseils de sécurité

Mesures de sécurité à prendre lors de la réparation des murs, notamment l'utilisation d'équipement de protection individuelle (EPI)

Lors de la réparation des murs, il est essentiel de prendre des mesures de sécurité pour protéger votre santé et votre bien-être. Voici quelques conseils et mesures de sécurité à prendre, notamment en ce qui concerne l'utilisation d'équipement de protection individuelle (EPI) :

Protection oculaire

Pour assurer une protection oculaire adéquate lors de la réparation des murs, voici quelques recommandations spécifiques :

Lunettes de sécurité : Portez des lunettes de sécurité avec des côtés enveloppants pour protéger vos yeux des éclats de plâtre, des débris de peinture et des particules de poussière. Assurez-vous qu'elles offrent une protection contre les impacts et qu'elles sont conformes aux normes de sécurité appropriées.

Masque facial : Pour une protection supplémentaire, envisagez de porter un masque facial ou un écran facial pour couvrir l'ensemble de votre visage. Cela offre une protection contre les projections potentielles de matériaux de réparation et de peinture.

Lunettes de protection contre les particules : Si vous travaillez dans un environnement poussiéreux, optez pour des lunettes de protection spécialement conçues pour filtrer les particules fines de poussière tout en offrant une vision claire.

Lunettes avec protection UV : Si vous travaillez à l'extérieur ou dans des zones exposées à la lumière du soleil, choisissez des lunettes de sécurité avec une protection UV pour protéger vos yeux des rayons ultraviolets nocifs.

Confort et ajustement : Assurez-vous que les lunettes de sécurité sont confortables à porter et qu'elles s'ajustent correctement à votre visage. Les lunettes qui glissent ou qui sont trop serrées peuvent être inconfortables et ne pas offrir une protection adéquate.

Remplacement régulier : Vérifiez régulièrement l'état de vos lunettes de sécurité et remplacez-les si elles sont endommagées ou usées. Des lunettes endommagées peuvent compromettre votre sécurité et ne pas offrir une protection adéquate.

Protection respiratoire

Pour assurer une protection respiratoire adéquate lors de la réparation des murs, en particulier lors de l'utilisation de produits chimiques, de matériaux de réparation ou de peinture, voici quelques recommandations spécifiques :

Masque respiratoire N95 : Utilisez un masque respiratoire N95 ou équivalent pour filtrer les particules fines et les contaminants présents dans l'air. Ces masques offrent une protection efficace contre la poussière, les vapeurs chimiques et d'autres irritants respiratoires.

Masque respiratoire à cartouches : Pour une protection accrue contre les vapeurs chimiques et les gaz, utilisez un masque respiratoire équipé de cartouches filtrantes appropriées. Assurez-vous de choisir des cartouches spécifiquement conçues pour les produits chimiques auxquels vous êtes exposé.

Masque à ventilation assistée : Si vous travaillez dans un environnement où l'aération est limitée ou si vous utilisez des produits chimiques potentiellement dangereux, envisagez d'utiliser un masque respiratoire à ventilation assistée. Ce type de masque fournit un flux d'air frais pour une respiration plus confortable et une protection accrue.

Évitez les respirateurs à valve d'expiration : Les respirateurs avec valve d'expiration peuvent ne pas être recommandés dans certaines situations, car ils peuvent permettre à l'air expiré de s'échapper sans filtration. Optez plutôt pour des respirateurs sans valve si vous travaillez dans un environnement où la protection de l'air ambiant est nécessaire.

Assurez-vous d'avoir un bon ajustement : Assurez-vous que le masque respiratoire est correctement ajusté à votre visage pour garantir une protection efficace. Suivez les instructions du fabricant pour un ajustement approprié et effectuez un test d'ajustement si nécessaire.

Remplacement régulier des filtres : Si vous utilisez un masque respiratoire avec des filtres remplaçables, assurez-vous de remplacer les filtres régulièrement selon les recommandations du fabricant. Des filtres usés ou obstrués peuvent compromettre l'efficacité de la protection respiratoire.

Protection des mains

Pour assurer une protection adéquate des mains lors de la réparation des murs, voici quelques recommandations spécifiques :

Gants de travail : Portez des gants de travail appropriés pour protéger vos mains contre les coupures, les abrasions, les produits chimiques et autres dangers potentiels. Choisissez des gants en fonction du type de tâches que vous effectuez et des matériaux auxquels vous serez exposé.

Gants en nitrile : Les gants en nitrile sont souvent recommandés pour leur résistance aux produits chimiques et à la perforation. Ils offrent une bonne protection contre les produits chimiques couramment utilisés dans les travaux de réparation des murs, tels que les solvants et les adhésifs.

Gants en latex ou en caoutchouc : Les gants en latex ou en caoutchouc peuvent être appropriés pour les tâches moins risquées, comme la manipulation de matériaux secs ou la préparation de surfaces. Assurez-vous de choisir des gants de qualité qui offrent une bonne adhérence et une protection adéquate.

Gants résistants aux coupures : Si vous manipulez des outils tranchants ou des matériaux abrasifs, envisagez de porter des gants résistants aux coupures pour protéger vos mains contre les blessures accidentelles.

Gants isolants : Si vous travaillez avec des matériaux ou des outils électriques, assurez-vous de porter des gants isolants pour vous protéger contre les chocs électriques.

Assurez-vous d'avoir la bonne taille : Choisissez des gants qui s'ajustent correctement à vos mains pour assurer un bon confort et une bonne dextérité. Des gants trop grands ou trop petits peuvent compromettre la protection et la maniabilité.

Remplacez les gants endommagés : Vérifiez régulièrement l'état de vos gants et remplacez-les dès qu'ils présentent des signes d'usure ou de dommages. Des gants endommagés peuvent ne pas offrir une protection adéquate contre les risques.

Si vous portez des gants de travail appropriés, vous pouvez protéger vos mains contre les blessures et les dommages lors de la réparation des murs de votre maison. N'oubliez pas que la sécurité des mains est essentielle pour prévenir les blessures et assurer une productivité optimale sur le chantier.

Protection de la peau

Pour assurer une protection adéquate de la peau lors de la réparation des murs, voici quelques recommandations spécifiques :

Portez des vêtements de travail appropriés : Choisissez des vêtements de travail qui couvrent efficacement votre peau pour la protéger contre les éraflures, les coupures, les abrasions et les irritations. Optez pour des matériaux résistants, tels que le coton ou le denim, qui offrent une protection supplémentaire.

Portez des manches longues et des pantalons : Pour une protection maximale, portez des manches longues et des pantalons longs pour couvrir la plus grande partie de votre peau possible. Évitez les vêtements amples qui pourraient se coincer dans les outils ou les équipements.

Utilisez des équipements de protection individuelle (EPI) : En plus des vêtements de travail, portez des équipements de protection individuelle (EPI) appropriés, tels que des gants, des lunettes de sécurité, un masque respiratoire et des chaussures de sécurité, selon les besoins.

Appliquez une crème protectrice : Avant de commencer les travaux, appliquez une crème protectrice ou une lotion hydratante sur votre peau pour la protéger contre les irritations et les agressions extérieures. Assurez-vous d'utiliser des produits adaptés à votre type de peau et non allergènes.

Évitez le contact avec les produits chimiques : Si vous manipulez des produits chimiques ou des matériaux potentiellement irritants, assurez-vous de porter des gants et d'éviter tout contact direct avec votre peau. Si un contact se produit, lavez-vous immédiatement à l'eau et au savon et consultez un professionnel de la santé si nécessaire.

Nettoyez et hydratez votre peau : Après avoir terminé les travaux, nettoyez soigneusement votre peau avec de l'eau tiède et un savon doux pour éliminer toute saleté, poussière ou résidu de produits chimiques. Hydratez ensuite votre peau avec une crème hydratante pour prévenir la sécheresse et les irritations.

Surveillez les signes d'irritation ou d'allergie : Surveillez votre peau pour détecter tout signe d'irritation, d'inflammation ou d'allergie, tels que des rougeurs, des démangeaisons ou des éruptions cutanées. Si vous remarquez des symptômes, arrêtez immédiatement le travail et consultez un professionnel de la santé.

Protection auditive

Pour assurer une protection auditive adéquate lors de la réparation des murs, en particulier lors de l'utilisation d'outils électriques ou dans des environnements bruyants, voici quelques recommandations spécifiques :

Portez des bouchons d'oreille : Utilisez des bouchons d'oreille en mousse ou en silicone pour réduire le niveau de bruit et protéger vos oreilles contre les dommages auditifs. Insérez correctement les bouchons d'oreille dans vos oreilles avant de commencer les travaux.

Utilisez des casques antibruit : Si vous êtes exposé à des niveaux de bruit élevés pendant de longues périodes, envisagez d'utiliser un casque antibruit ou des protecteurs auditifs à coque pour une protection supplémentaire. Ces dispositifs offrent une atténuation du bruit plus importante que les bouchons d'oreille.

Choisissez des protecteurs auditifs adaptés : Assurez-vous de choisir des protecteurs auditifs qui offrent un bon ajustement et une protection adéquate pour votre niveau d'exposition au bruit. Consultez les recommandations du fabricant pour choisir le type de protecteur auditif le plus approprié à vos besoins.

Vérifiez l'efficacité de la protection : Avant de commencer les travaux, vérifiez que vos bouchons d'oreille ou vos casques antibruit offrent une protection adéquate en les testant dans un environnement bruyant. Assurez-vous que vous pouvez toujours entendre les sons importants, comme les avertissements ou les signaux d'alarme.

Portez toujours une protection auditive : Même si le niveau de bruit semble faible, portez toujours une protection auditive lorsque vous utilisez des outils électriques ou que vous travaillez dans des environnements bruyants. Les dommages auditifs peuvent être causés par une exposition prolongée à des niveaux de bruit relativement faibles.

Évitez les écouteurs ou les casques audio : Évitez d'utiliser des écouteurs ou des casques audio pendant que vous travaillez, car ils peuvent interférer avec votre capacité à entendre les avertissements ou les signaux de danger.

Échafaudages et échelles

Lorsque vous utilisez des échafaudages et des échelles pour la réparation des murs, il est essentiel de suivre les bonnes pratiques de sécurité pour éviter les chutes et les blessures. Voici quelques recommandations spécifiques :

Choisissez le bon équipement : Utilisez des échafaudages et des échelles de haute qualité, en bon état et adaptés à la tâche spécifique

que vous effectuez. Assurez-vous que l'équipement est conforme aux normes de sécurité et qu'il peut supporter votre poids ainsi que celui de vos outils et matériaux.

Inspectez l'équipement : Avant chaque utilisation, inspectez soigneusement les échafaudages et les échelles pour détecter tout signe de dommage ou de détérioration, tels que des fissures, des éclats ou des pièces desserrées. Ne jamais utiliser un équipement défectueux.

Montez et descendez avec précaution : Lorsque vous montez ou descendez d'une échelle ou d'un échafaudage, faites-le avec précaution en utilisant les mains courantes ou les échelons pour assurer votre stabilité. Ne sautez jamais depuis une échelle ou un échafaudage.

Maintenez une base stable : Placez les échafaudages sur une surface plane et stable, et bloquez les roulettes pour éviter tout mouvement accidentel. Pour les échelles, assurez-vous qu'elles sont correctement positionnées et qu'elles reposent fermement sur le sol.

Respectez les limites de charge : Ne surchargez jamais les échafaudages ou les échelles au-delà de leurs limites de charge recommandées. Consultez les instructions du fabricant pour connaître la capacité maximale de l'équipement et respectez-la.

Utilisez des dispositifs de sécurité : Si nécessaire, utilisez des dispositifs de sécurité supplémentaires, tels que des garde-corps, des harnais de sécurité ou des attaches de sécurité, pour réduire les risques de chute.

Gardez une main libre : Lorsque vous grimpez ou descendez d'une échelle, gardez toujours au moins une main libre pour vous tenir à la rampe ou à l'échelon. Ne transportez pas d'outils ou de matériaux dans vos mains pendant que vous montez ou descendez.

Évitez les conditions météorologiques dangereuses : Ne travaillez pas sur des échafaudages ou des échelles par temps venteux, pluvieux ou glissant, car cela peut augmenter le risque de chute.

Ventilation

Assurer une bonne ventilation lors de la réparation des murs est essentiel pour évacuer les vapeurs de produits chimiques, les poussières et les particules potentiellement nocives, ainsi que pour maintenir un environnement de travail confortable et sûr. Voici quelques conseils pour garantir une ventilation adéquate :

Ouvrez les fenêtres et les portes : Si possible, ouvrez les fenêtres et les portes pour permettre à l'air frais de circuler à travers la pièce. Cela permettra d'évacuer les vapeurs de produits chimiques et les odeurs, et d'améliorer la qualité de l'air intérieur.

Utilisez des ventilateurs : Utilisez des ventilateurs pour améliorer la circulation de l'air dans la pièce. Placez-les stratégiquement pour créer un flux d'air efficace et dirigez-les vers les zones où les vapeurs ou les poussières sont les plus concentrées.

Utilisez des systèmes de ventilation : Si votre maison est équipée d'un système de ventilation, comme une hotte de cuisine ou un système de ventilation mécanique, assurez-vous de l'utiliser pendant les travaux de réparation des murs. Ces systèmes peuvent aider à évacuer efficacement les contaminants de l'air.

Travaillez à l'extérieur si possible : Si les conditions le permettent, effectuez les travaux de réparation des murs à l'extérieur plutôt qu'à l'intérieur de la maison. Cela réduira la concentration de poussières, de vapeurs et de produits chimiques dans l'air intérieur.

Portez un masque respiratoire : En plus d'une ventilation adéquate, portez un masque respiratoire approprié pour protéger vos voies respiratoires contre les particules en suspension dans l'air et les vapeurs potentiellement nocives.

Planifiez les travaux par temps clément : Si vous effectuez des travaux de peinture ou d'autres travaux qui génèrent des vapeurs ou des odeurs, planifiez-les par temps clément pour pouvoir ouvrir les fenêtres et les portes et permettre une meilleure ventilation.

Maintenance préventive

Conseils pour éviter les dommages futurs aux murs

Pour éviter les dommages futurs aux murs de votre maison, voici quelques conseils de maintenance préventive :

Inspectez régulièrement les murs : Faites des inspections visuelles régulières pour repérer tout signe de fissures, d'humidité, de décoloration ou d'autres dommages potentiels. Plus vous identifiez les problèmes tôt, plus il sera facile de les réparer.

Réparez les dommages rapidement : Ne laissez pas les petits problèmes devenir des problèmes majeurs. Réparez les fissures, les trous et les taches d'humidité dès qu'ils apparaissent pour éviter qu'ils ne s'aggravent.

Maintenez un bon drainage : Assurez-vous que l'eau de pluie est correctement drainée loin de votre maison pour éviter les problèmes d'humidité et d'infiltration d'eau dans les murs. Nettoyez régulièrement les gouttières et les descentes pluviales pour garantir un bon écoulement.

Contrôlez l'humidité intérieure : Maintenez un niveau d'humidité intérieure adéquat pour éviter la condensation et la formation de moisissures sur les murs. Utilisez des déshumidificateurs si nécessaire et assurez-vous que les zones humides, comme la salle de bain et la cuisine, sont correctement ventilées.

Scellez les fissures et les joints : Utilisez du calfeutrage ou du mastic pour sceller les fissures et les joints autour des fenêtres, des portes, des conduits et des autres ouvertures dans les murs pour empêcher l'infiltration d'air et d'eau.

Évitez les dommages mécaniques : Faites attention à ne pas heurter ou endommager les murs en déplaçant des meubles, en accrochant des objets lourds ou en effectuant des travaux de construction à proximité.

Entretenez la peinture et les revêtements : Surveillez l'état de la peinture et des revêtements extérieurs et effectuez les retouches nécessaires pour protéger les murs contre les éléments environnementaux.

Surveillez les signes de problèmes structurels : Soyez attentif à tout signe de mouvement ou d'affaissement des murs, comme des fissures en escalier ou des portes qui ne se ferment pas correctement. Ces signes peuvent indiquer des problèmes structurels sous-jacents qui nécessitent une attention immédiate.

Vous pouvez protéger les murs de votre maison contre les dommages futurs et prolonger leur durée de vie. La prévention est souvent plus facile et moins coûteuse que les réparations importantes après que les dommages se sont produits.

Inspectez régulièrement les murs

Effectuer des inspections régulières des murs de votre maison est essentiel pour repérer tout signe de dommages potentiels et prendre des mesures préventives ou correctives à temps. Voici quelques conseils pour mener à bien ces inspections :

Planifiez des inspections périodiques : Établissez un calendrier pour inspecter vos murs régulièrement, par exemple une fois par trimestre ou au moins une fois par an, en fonction des besoins de votre maison et de votre climat local.

Commencez par l'extérieur : Inspectez d'abord l'extérieur de votre maison, en examinant attentivement les murs pour détecter tout signe de fissures, de décoloration, de déformation ou de dommages structurels.

Vérifiez l'intérieur : Ensuite, passez à l'intérieur de votre maison et inspectez les murs depuis chaque pièce. Recherchez les fissures, les taches d'humidité, les cloques de peinture et tout autre signe de dommage.

Utilisez une lampe de poche : Utilisez une lampe de poche pour éclairer les zones sombres et les coins afin de repérer les dommages qui pourraient être cachés à la lumière naturelle.

Faites attention aux signes subtils : Soyez attentif à tout signe subtil de dommage, comme des craquements légers, des changements de texture ou des zones où la peinture s'écaille.

Prenez des notes et des photos : Prenez des notes détaillées et des photos des dommages que vous repérez pour documenter l'état des murs au fil du temps et suivre les changements éventuels.

Ainsi, vous pouvez identifier les problèmes potentiels à un stade précoce et prendre les mesures nécessaires pour les résoudre avant qu'ils ne deviennent plus graves. Cela vous permettra de protéger l'intégrité structurelle de votre maison et de prévenir les coûts élevés de réparation à long terme.

Réparez les dommages rapidement

Réparer les dommages aux murs rapidement est essentiel pour prévenir leur aggravation et maintenir l'intégrité structurelle de votre maison. Voici pourquoi il est important de réparer les dommages dès qu'ils sont détectés :

Prévention de l'aggravation : Les petits dommages peuvent rapidement s'aggraver s'ils ne sont pas traités rapidement. Par exemple, une petite fissure peut s'élargir avec le temps, ce qui peut entraîner des problèmes structurels plus importants.

Économie de coûts : En intervenant rapidement pour réparer les dommages, vous pouvez souvent éviter des réparations plus coûteuses à l'avenir. Les petits travaux de réparation sont généralement moins coûteux que les réparations majeures nécessitées par des dommages importants.

Prévention des problèmes ultérieurs : Certains dommages, comme les fuites d'eau ou les fissures structurelles, peuvent entraîner d'autres problèmes s'ils ne sont pas réparés rapidement. Par exemple, une fuite d'eau non traitée peut causer des dommages importants à la structure de votre maison et favoriser la croissance de moisissures.

Maintien de la sécurité : Certains dommages, comme les fissures structurelles, peuvent compromettre la sécurité de votre maison et de ses occupants. En effectuant des réparations rapides, vous pouvez garantir un environnement sûr pour vous et votre famille.

Pour réparer les dommages rapidement, il est important de suivre les étapes appropriées et d'utiliser les bons matériaux et outils.

En agissant rapidement pour réparer les dommages aux murs de votre maison, vous pouvez protéger votre investissement et assurer la sécurité et le confort de votre famille.

Maintenez un bon drainage

Maintenir un bon drainage autour de votre maison est essentiel pour prévenir les problèmes d'humidité et d'infiltration d'eau dans les murs. Voici quelques conseils pour assurer un bon drainage :

Nettoyez les gouttières et les descentes pluviales : Assurez-vous que vos gouttières et vos descentes pluviales sont propres et dégagées de tout débris, comme les feuilles mortes, les branches ou les débris végétaux. Cela permettra à l'eau de pluie de s'écouler efficacement loin de votre maison.

Vérifiez l'état des gouttières : Inspectez régulièrement l'état de vos gouttières pour détecter tout signe de dommages, comme des fissures, des fuites ou des joints desserrés. Réparez ou remplacez les gouttières endommagées dès que possible pour assurer un bon écoulement de l'eau.

Vérifiez l'inclinaison du sol autour de votre maison : Assurez-vous que le sol autour de votre maison est incliné de manière à diriger l'eau loin des fondations. Si nécessaire, ajoutez du sol ou du remblai pour corriger les zones où l'eau peut s'accumuler près de la maison.

Installez des systèmes de drainage : Si votre maison est sujette à l'accumulation d'eau autour des fondations, envisagez d'installer des systèmes de drainage, tels que des canaux de drainage, des fossés ou des drains français, pour évacuer l'eau loin de la maison.

Vérifiez l'état des drains de sol : Si votre maison est équipée de drains de sol, assurez-vous qu'ils sont en bon état de fonctionnement et qu'ils ne sont pas obstrués par des débris. Nettoyez régulièrement les grilles des drains de sol pour assurer un bon écoulement de l'eau.

Surveillez les zones humides : Surveillez les zones humides ou les accumulations d'eau autour de votre maison, surtout après de fortes pluies. Identifiez et corrigez rapidement les problèmes de drainage pour éviter les infiltrations d'eau dans les murs et les fondations.

Vous pouvez prévenir les problèmes d'humidité et d'infiltration d'eau dans les murs, ce qui contribuera à protéger l'intégrité de votre maison et à prolonger sa durée de vie.

Contrôlez l'humidité intérieure

Contrôler l'humidité intérieure de votre maison est très important pour prévenir les problèmes d'humidité dans les murs et éviter les dommages structurels ainsi que la croissance de moisissures. Voici quelques conseils pour maintenir un niveau d'humidité intérieure adéquat :

Utilisez un humidificateur ou un déshumidificateur : Selon les besoins, utilisez un humidificateur pour ajouter de l'humidité à l'air ambiant lorsqu'il est trop sec, surtout pendant les mois d'hiver lorsque le chauffage peut assécher l'air. Utilisez également un déshumidificateur pour réduire l'humidité excessive dans l'air, surtout pendant les mois d'été ou dans les zones humides.

Ventilez les zones humides : Assurez-vous que les zones humides de votre maison, comme la salle de bains, la cuisine et la buanderie, sont correctement ventilées. Utilisez des ventilateurs d'extraction pour évacuer l'air humide vers l'extérieur et empêcher l'accumulation de condensation.

Utilisez des ventilateurs de plafond : Les ventilateurs de plafond peuvent aider à faire circuler l'air dans votre maison, répartissant ainsi l'humidité de manière plus uniforme et réduisant les risques de condensation.

Réparez les fuites d'eau : Réparez rapidement toute fuite d'eau, que ce soit d'une conduite d'eau, d'un robinet qui fuit ou d'une fuite de toiture, pour éviter que l'humidité ne s'infiltre dans les murs et ne cause des dommages.

Évitez de sécher le linge à l'intérieur : Si possible, évitez de sécher le linge à l'intérieur de votre maison, car cela peut augmenter l'humidité de l'air. Utilisez plutôt un séchoir à linge à l'extérieur ou dans un espace bien ventilé.

Surveillez les niveaux d'humidité : Utilisez un hygromètre pour surveiller les niveaux d'humidité à l'intérieur de votre maison. Idéalement, le taux d'humidité relative devrait se situer entre 30 % et 50 % pour un confort optimal et pour prévenir les problèmes d'humidité.

En contrôlant l'humidité intérieure de votre maison, vous pouvez prévenir les problèmes d'humidité dans les murs et maintenir un environnement intérieur sain et confortable. Cela contribuera à protéger l'intégrité structurelle de votre maison et à prévenir les dommages causés par l'humidité, tels que la pourriture du bois et la croissance de moisissures.

Scellez les fissures et les joints

Sceller les fissures et les joints autour des fenêtres, des portes, des conduits et d'autres ouvertures dans les murs est essentiel pour prévenir l'infiltration d'air, d'eau et d'humidité. Voici comment procéder :

Nettoyez la surface : Commencez par nettoyer soigneusement la surface autour de la fissure ou du joint pour enlever la saleté, la poussière et les débris. Utilisez une brosse rigide, un chiffon ou un aspirateur pour nettoyer la zone.

Préparez la surface : Assurez-vous que la surface est sèche avant d'appliquer le scellant. Si nécessaire, utilisez un sèche-cheveux ou un chiffon propre pour sécher la zone.

Choisissez le bon scellant : Sélectionnez un scellant approprié en fonction du matériau de la surface et du type de fissure ou de joint que vous scellez. Par exemple, pour les fissures extérieures, utilisez un scellant résistant aux intempéries.

Appliquez le scellant : Utilisez un pistolet à calfeutrer pour appliquer le scellant le long de la fissure ou du joint de manière uniforme. Assurez-vous de remplir complètement la fissure et de lisser le scellant avec un outil approprié, comme un doigt mouillé ou une spatule en caoutchouc.

Lissez et nettoyez : Une fois le scellant appliqué, lissez-le avec un doigt mouillé ou une spatule pour éliminer les excès et obtenir une finition uniforme. Nettoyez immédiatement tout excès de scellant avec un chiffon humide.

Laissez sécher : Laissez le scellant sécher complètement selon les instructions du fabricant avant de peindre ou de recouvrir la surface.

Surveillez les réparations : Après avoir scellé les fissures et les joints, surveillez-les régulièrement pour vous assurer qu'ils restent étanches et en bon état. Si nécessaire, refaites le scellement pour maintenir l'étanchéité.

En scellant les fissures et les joints de manière appropriée, vous pouvez prévenir les infiltrations d'air, d'eau et d'humidité dans les murs de votre maison, ce qui contribuera à maintenir leur intégrité structurelle et à éviter les problèmes d'humidité et de moisissures.

Évitez les dommages mécaniques

Éviter les dommages mécaniques aux murs de votre maison est important pour maintenir leur intégrité structurelle. Voici quelques conseils pour éviter les dommages mécaniques :

Faites preuve de prudence lors du déplacement de meubles : Lorsque vous déplacez des meubles à l'intérieur de votre maison, assurez-vous de soulever les objets plutôt que de les traîner sur le sol pour éviter d'endommager les murs.

Utilisez des protections murales : Installez des protections murales, comme des tampons adhésifs ou des patins en feutre, à l'arrière des meubles pour éviter les éraflures et les dommages causés par les frottements contre les murs.

Soyez prudent avec les outils : Lorsque vous effectuez des travaux de bricolage ou de rénovation à proximité des murs, faites preuve de prudence avec les outils pour éviter les dommages accidentels. Utilisez des tapis de protection ou des écrans pour protéger les murs des éclaboussures de peinture ou de plâtre.

Évitez les accrochages excessifs : Évitez d'accrocher des objets lourds ou surdimensionnés aux murs sans utiliser de fixations appropriées. Utilisez des ancrages ou des chevilles adaptés au poids de l'objet et assurez-vous de les installer correctement pour éviter les dommages structurels.

Surveillez les enfants et les animaux de compagnie : Éduquez les membres de votre famille, en particulier les enfants et les animaux de compagnie, sur l'importance de traiter les murs avec précaution pour éviter les coups, les éraflures et les marques indésirables.

Inspectez régulièrement les murs : Faites des inspections régulières des murs de votre maison pour repérer tout signe de dommages mécaniques, tels que des éraflures, des trous ou des marques d'impact. Réparez les dommages dès qu'ils sont détectés pour éviter qu'ils ne s'aggravent.

Ainsi, vous pouvez prévenir les dommages mécaniques aux murs de votre maison et maintenir leur intégrité structurelle. La prévention est souvent plus facile et moins coûteuse que les réparations après que les dommages sont survenus, donc prendre des mesures préventives dès le départ est essentiel.

Entretenez la peinture et les revêtements

Pour maintenir l'apparence et la protection des murs de votre maison, il est essentiel d'entretenir régulièrement la peinture et les revêtements. Voici quelques conseils pour entretenir la peinture et les revêtements de vos murs :

Nettoyez régulièrement : Nettoyez les murs avec un chiffon doux et de l'eau savonneuse pour éliminer la saleté, la poussière et les taches légères. Pour les taches tenaces, utilisez des produits de nettoyage doux et non abrasifs.

Inspectez la peinture : Faites des inspections régulières de la peinture pour repérer tout signe d'écaillage, de décoloration ou de dommages. Si vous remarquez des zones endommagées, envisagez de les retoucher ou de les repeindre pour prévenir les dommages ultérieurs.

Retouchez les éraflures et les éclats : Utilisez de la peinture de retouche ou des crayons à retoucher pour masquer les éraflures et les éclats sur la peinture. Assurez-vous de choisir une teinte de peinture qui correspond à celle des murs pour un résultat uniforme.

Réparez les fissures et les imperfections : Remplissez les fissures et les imperfections dans les murs avec du mastic ou de l'enduit de rebouchage, puis poncez et apprêtez la surface avant de repeindre pour obtenir un résultat lisse.

Protégez les murs extérieurs : Surveillez l'état des revêtements extérieurs, tels que la peinture, le crépi ou le bardage, et effectuez les retouches nécessaires pour protéger les murs contre les intempéries et les dommages causés par les rayons UV.

Appliquez des couches de protection : Pour les murs soumis à une usure importante, comme ceux des cuisines ou des salles de bains, envisagez d'appliquer une couche de vernis ou de scellant protecteur pour protéger la peinture contre l'humidité et les taches.

Utilisez des produits de qualité : Lorsque vous choisissez des peintures et des revêtements pour vos murs, optez pour des produits de qualité supérieure qui offrent une meilleure durabilité et une meilleure résistance aux intempéries et aux dommages.

En suivant ces conseils et en entretenant régulièrement la peinture et les revêtements de vos murs, vous pouvez protéger la structure de votre maison contre les éléments environnementaux.

Surveillez les signes de problèmes structurels

Surveiller les signes de problèmes structurels est essentiel pour assurer la sécurité et la stabilité de votre maison à long terme. Voici quelques signes à surveiller :

Fissures dans les murs : Les fissures dans les murs peuvent indiquer des problèmes structurels, surtout si elles sont larges, continues ou en forme d'escalier. Surveillez particulièrement les fissures qui apparaissent soudainement ou qui s'agrandissent avec le temps.

Portes et fenêtres qui coincent : Si les portes et les fenêtres commencent à coincer ou à ne plus se fermer correctement, cela peut indiquer des mouvements ou des déformations structurelles.

Affaissement du plancher : Si vous remarquez un affaissement ou un creux dans le plancher, cela peut être le signe d'un affaiblissement des fondations ou des poutres de soutien.

Inclinaison ou basculement : Si vous observez une inclinaison ou un basculement anormal de la maison, cela peut indiquer des problèmes de fondation ou de structure.

Cloisons ou plafonds qui se fissurent : Les fissures dans les cloisons ou les plafonds peuvent également signaler des problèmes structurels, surtout si elles sont accompagnées de mouvements ou de déformations.

Moisissures ou pourriture du bois : La présence de moisissures ou de pourriture du bois à l'intérieur ou à l'extérieur de la maison peut indiquer des problèmes d'humidité ou de fuite d'eau, qui peuvent compromettre la structure.

Bruits inhabituels : Les bruits de grincement ou de craquement provenant des murs, des planchers ou du plafond peuvent être le signe de problèmes structurels en cours.

Ne négligez jamais les signes de problèmes structurels, car ils peuvent s'aggraver avec le temps et entraîner des dommages plus importants et coûteux à réparer.

Inspection régulière et entretien recommandé

Pour assurer la santé et la durabilité de vos murs, une inspection régulière et un entretien approprié sont essentiels. Voici quelques conseils pour l'entretien :

Inspection régulière

Planification

Pour planifier une inspection régulière de vos murs, suivez ces étapes :

Fréquence : Déterminez la fréquence à laquelle vous effectuerez des inspections. Idéalement, planifiez une inspection annuelle, mais vous pouvez choisir de le faire plus fréquemment si vous vivez dans une région sujette aux conditions météorologiques extrêmes ou si votre maison présente des problèmes préexistants.

Calendrier : Choisissez une période de l'année propice à l'inspection, comme le printemps ou l'automne, lorsque les conditions météorologiques sont plus clémentes et que vous avez plus de temps pour effectuer les réparations nécessaires avant l'hiver ou l'été.

Rappels : Ajoutez des rappels à votre calendrier ou à votre agenda pour vous souvenir de planifier votre inspection annuelle. Vous pouvez également choisir une date mémorable, comme l'anniversaire de votre déménagement dans la maison, pour effectuer votre inspection chaque année.

Collaboration : Impliquez les membres de votre famille dans le processus d'inspection en leur expliquant l'importance de maintenir les murs en bon état et en leur montrant comment repérer les signes de dommages potentiels.

Outils et matériaux : Préparez les outils et les matériaux nécessaires pour l'inspection, tels qu'une lampe de poche, un mètre ruban, un crayon, du papier et un appareil photo pour prendre des notes et des photos des problèmes identifiés.

Examen visuel

Lors de l'examen visuel de vos murs, voici quelques points à surveiller :

Fissures : Recherchez des fissures, en particulier celles qui sont larges, continues ou en forme d'escalier, tant à l'intérieur qu'à l'extérieur de la maison.

Décoloration : Notez toute décoloration inhabituelle des murs, qui peut indiquer des problèmes d'humidité ou de moisissures.

Taches d'humidité : Repérez les taches d'humidité ou de moisissures, surtout près des fenêtres, des portes et dans les coins des pièces.

Déformations : Observez les murs pour détecter tout signe de déformation, d'inclinaison ou de basculement anormal.

Écaillage ou décollement : Recherchez des zones où la peinture s'écaille ou se décolle, en particulier autour des fenêtres, des portes et des plinthes.

Percements ou trous : Inspectez les murs à la recherche de trous, de percements ou de dommages causés par des clous, des vis ou d'autres objets.

Cloques de peinture : Identifiez les zones où la peinture forme des cloques ou des bulles, ce qui peut indiquer des problèmes d'humidité ou d'adhérence.

Moisissures ou pourriture du bois : Recherchez des signes de moisissures ou de pourriture du bois, en particulier dans les zones humides comme la salle de bains et la cuisine.

Mesures spécifiques

Voici quelques mesures spécifiques à prendre lors de l'examen visuel de vos murs :

Intérieur

Vérifiez les murs dans toutes les pièces de la maison, en accordant une attention particulière aux zones humides comme la salle de bains, la cuisine et la buanderie.

Examinez les coins des pièces, où les fissures peuvent apparaître en premier.

Regardez attentivement autour des fenêtres et des portes pour détecter tout signe de fuite d'air ou d'humidité.

Inspectez les plafonds pour repérer les signes de fissures, de taches d'humidité ou de moisissures.

Extérieur

Marchez autour de votre maison et examinez les murs extérieurs de près.

Vérifiez les fondations pour détecter tout signe d'affaissement ou de dommages structurels.

Inspectez les murs de soutènement, le parement et tout autre revêtement extérieur pour repérer les fissures, les déformations ou les décolorations.

Regardez le toit pour détecter les fuites potentielles qui pourraient endommager les murs.

En prenant ces mesures spécifiques lors de votre examen visuel, vous serez en mesure de repérer rapidement les problèmes potentiels et de prendre les mesures nécessaires pour les corriger avant qu'ils ne s'aggravent.

Documentation

Il est essentiel de documenter toutes les observations faites lors de l'inspection de vos murs. Voici comment vous pouvez documenter efficacement vos constatations :

Prenez des notes détaillées : Utilisez un carnet ou un document électronique pour noter toutes les fissures, taches, déformations ou autres anomalies que vous observez. Incluez des informations telles que l'emplacement précis, la taille, la forme et toute observation supplémentaire pertinente.

Prenez des photos : Utilisez un appareil photo ou votre téléphone portable pour prendre des photos des zones problématiques. Assurez-vous de prendre des photos claires et bien éclairées qui montrent clairement les dommages ou les signes d'usure.

Datez vos observations : Notez la date de votre inspection sur vos notes et sur les photos que vous prenez. Cela vous aidera à suivre l'évolution des problèmes au fil du temps et à déterminer si des mesures correctives sont nécessaires.

Conservez vos documents : Gardez vos notes et vos photos dans un endroit sûr et facilement accessible, de préférence avec d'autres documents liés à l'entretien de votre maison. Cela vous permettra de les consulter facilement lors de futures inspections ou réparations.

Partagez les informations : Si vous travaillez avec des professionnels pour diagnostiquer ou réparer les problèmes de vos murs, partagez vos notes et vos photos avec eux. Cela les aidera à mieux comprendre les problèmes et à recommander les meilleures solutions.

En documentant soigneusement vos observations lors de l'inspection de vos murs, vous serez mieux équipé pour prendre des décisions éclairées sur les mesures à prendre pour maintenir la santé et l'intégrité de votre maison.

Entretien recommandé

Nettoyage régulier

Le nettoyage régulier de vos murs est essentiel pour maintenir leur apparence et leur intégrité. Voici quelques conseils pour un nettoyage efficace :

Matériaux de nettoyage : Utilisez des matériaux doux et non abrasifs pour éviter d'endommager la surface des murs. Un chiffon doux, une éponge propre ou une brosse à poils souples sont généralement recommandés.

Eau savonneuse : Préparez une solution d'eau tiède et de savon doux, comme du savon à vaisselle, pour nettoyer les murs. Évitez les nettoyants trop agressifs qui pourraient décolorer ou endommager la peinture.

Essuyez en douceur : Trempez votre chiffon, votre éponge ou votre brosse dans la solution savonneuse, puis essorez-le bien pour éviter de saturer la surface. Essuyez les murs avec des mouvements doux et circulaires pour éliminer la saleté et les taches.

Rinçage : Après avoir nettoyé les murs, rincez-les soigneusement avec de l'eau claire pour éliminer tout résidu de savon. Utilisez un chiffon propre et humide pour essuyer les murs et enlever tout excès d'eau.

Séchage : Assurez-vous que les murs sont complètement secs après le nettoyage pour éviter toute accumulation d'humidité. Ouvrez les fenêtres ou utilisez un ventilateur pour accélérer le processus de séchage si nécessaire.

Nettoyage des taches tenaces : Pour les taches tenaces, comme les éclaboussures de graisse dans la cuisine ou les traces de crayon sur les murs des enfants, vous pouvez utiliser des produits de nettoyage spécifiques, mais assurez-vous de les tester d'abord sur une petite zone peu visible pour éviter d'endommager la peinture.

Entretien régulier : Intégrez le nettoyage des murs dans votre routine d'entretien ménager régulière. Cela vous permettra de maintenir vos murs propres et en bon état au fil du temps.

En nettoyant régulièrement vos murs avec des techniques douces et appropriées, vous pouvez éliminer la saleté, les taches et les contaminants tout en préservant l'apparence et l'intégrité de vos murs.

Réparations rapides

Effectuer des réparations rapides dès que des dommages sont détectés est essentiel pour prévenir toute détérioration ultérieure et maintenir l'intégrité de vos murs. Voici quelques conseils pour les réparations rapides :

Identification des dommages : Surveillez régulièrement vos murs pour repérer les fissures, les trous, les éraflures ou tout autre dommage potentiel. Plus tôt vous repérez les problèmes, plus il sera facile de les réparer.

Évaluation de l'ampleur des dommages : Déterminez la taille et la gravité des dommages afin de choisir la méthode de réparation appropriée. Les fissures ou les petits trous peuvent souvent être réparés facilement, tandis que les dommages plus importants peuvent nécessiter une intervention professionnelle.

Sélection des matériaux de réparation : Choisissez les matériaux de réparation adaptés au type de dommage. Par exemple, utilisez du mastic de rebouchage pour les fissures, de la pâte à bois pour les petits trous et du plâtre ou de l'enduit de rebouchage pour les dommages plus importants.

Nettoyage de la zone endommagée : Avant de commencer les réparations, assurez-vous de nettoyer soigneusement la zone endommagée pour éliminer la saleté, la poussière et les débris. Cela garantira une meilleure adhérence des matériaux de réparation.

Application des matériaux de réparation : Suivez attentivement les instructions du fabricant pour l'application des matériaux de réparation. Utilisez des outils appropriés, tels que des spatules ou des couteaux à mastic, pour appliquer uniformément les matériaux sur la surface endommagée.

Lissage et finition : Une fois que les matériaux de réparation sont en place, lissez-les soigneusement avec une spatule ou un chiffon humide pour obtenir une surface uniforme. Laissez sécher complètement avant de poursuivre avec d'autres étapes, comme le ponçage ou la peinture.

Surveillance des réparations : Après avoir effectué les réparations, surveillez attentivement la zone pour vous assurer que les dommages sont correctement traités. Si nécessaire, effectuez des retouches ou des réparations supplémentaires pour garantir un résultat satisfaisant.

Scellement

Le scellement des fissures et des joints autour des fenêtres, des portes et d'autres ouvertures est essentiel pour prévenir l'infiltration d'eau, d'air et de parasites, et pour maintenir l'efficacité énergétique de votre maison. Voici comment procéder au scellement :

Identification des fissures et des joints à sceller : Passez en revue les murs intérieurs et extérieurs de votre maison pour repérer les fissures et les joints qui nécessitent un scellement. Concentrez-vous sur les zones autour des fenêtres, des portes, des prises électriques, des conduits et des tuyaux.

Préparation de la surface : Nettoyez soigneusement la surface autour des fissures et des joints pour éliminer la saleté, la poussière et les débris. Utilisez un chiffon humide ou une brosse pour nettoyer la zone, puis laissez-la sécher complètement.

Choix du matériau de scellement : Sélectionnez un matériau de scellement approprié en fonction du type de fissure ou de joint à sceller et de la surface environnante. Les options courantes incluent le mastic acrylique, le mastic silicone et les bandes d'étanchéité.

Application du scellant : Utilisez un pistolet à calfeutrer pour appliquer le scellant le long des fissures et des joints. Assurez-vous de remplir complètement les fissures et les espaces tout en créant un joint lisse et uniforme.

Lissage du scellant : Après avoir appliqué le scellant, utilisez un outil de lissage, comme une spatule en plastique ou votre doigt humide, pour lisser le scellant et éliminer les excès. Cela aidera à assurer une adhérence optimale et à créer un joint étanche.

Séchage et durcissement : Laissez le scellant sécher et durcir complètement selon les instructions du fabricant avant de manipuler la zone ou de poursuivre avec d'autres travaux. Cela peut prendre plusieurs heures ou jours en fonction du type de scellant utilisé et des conditions environnementales.

Vérification du scellement : Une fois le scellement terminé, vérifiez visuellement la zone pour vous assurer que le scellant est bien appliqué et qu'il forme un joint étanche. Réappliquez le scellant si nécessaire pour combler toute fissure ou tout espace non scellé.

En scellant efficacement les fissures et les joints autour de votre maison, vous pouvez améliorer l'efficacité énergétique, prévenir les infiltrations d'eau et d'air, et prolonger la durabilité de vos murs et de votre maison dans son ensemble.

Contrôle de l'humidité

Le contrôle de l'humidité est essentiel pour maintenir la santé et l'intégrité de vos murs. Un excès d'humidité peut entraîner des problèmes tels que la formation de moisissures, la pourriture du bois, la détérioration des matériaux et même des problèmes structurels. Voici quelques conseils pour contrôler l'humidité dans votre maison :

Ventilation adéquate : Assurez-vous que votre maison est correctement ventilée pour permettre à l'air humide de s'échapper et à l'air frais de circuler. Utilisez des ventilateurs de salle de bains, des hottes de cuisine et des ventilateurs de plafond pour améliorer la circulation de l'air.

Utilisation de déshumidificateurs : Si votre maison a tendance à être humide, utilisez des déshumidificateurs pour extraire l'excès d'humidité de l'air. Placez-les dans les sous-sols, les buanderies et d'autres zones sujettes à l'humidité.

Réparation des fuites : Réparez rapidement toute fuite d'eau ou infiltration d'eau dans votre maison, qu'il s'agisse de toits qui fuient, de tuyaux qui suintent ou de fondations poreuses. Assurez-vous également que les gouttières et les descentes pluviales sont en bon état de fonctionnement pour évacuer l'eau loin de votre maison.

Contrôle de l'humidité intérieure : Utilisez des humidificateurs pour maintenir un niveau d'humidité intérieure confortable pendant les mois d'hiver lorsque l'air est sec. Cependant, assurez-vous de ne pas les régler trop haut pour éviter les problèmes d'humidité excessive.

Isolation adéquate : Assurez-vous que votre maison est correctement isolée pour éviter les ponts thermiques qui peuvent entraîner de la condensation et des problèmes d'humidité. En particulier, isolez bien les murs extérieurs et les greniers pour empêcher l'infiltration d'air humide.

Surveillance régulière : Surveillez régulièrement les niveaux d'humidité dans votre maison à l'aide d'un hygromètre. Si les niveaux d'humidité sont trop élevés, prenez des mesures pour les réduire en suivant les conseils ci-dessus.

En contrôlant efficacement l'humidité dans votre maison, vous pouvez prévenir les problèmes liés à l'excès d'humidité et maintenir vos murs en bon état pour les années à venir.

Entretien extérieur

L'entretien extérieur de votre maison est essentiel pour protéger vos murs contre les intempéries, prévenir les dommages causés par l'humidité et maintenir l'apparence générale de votre propriété. Voici quelques conseils pour l'entretien extérieur de vos murs :

Nettoyage régulier : Nettoyez les murs extérieurs de votre maison au moins une fois par an pour éliminer la saleté, la poussière, les débris et les taches. Utilisez un nettoyeur haute pression ou une brosse avec de l'eau savonneuse pour nettoyer efficacement la surface.

Inspection visuelle : Effectuez une inspection visuelle des murs extérieurs pour repérer tout signe de dommages, tels que des fissures, des décolorations ou des zones de décollement de la peinture. Réparez rapidement les problèmes identifiés pour éviter qu'ils ne s'aggravent.

Entretien des revêtements : Si votre maison est revêtue de bardage, de crépi, de parement ou de tout autre matériau extérieur, assurez-vous de maintenir ces revêtements en bon état. Effectuez les retouches nécessaires et remplacez les sections endommagées ou usées pour protéger les murs sous-jacents.

Protection contre l'humidité : Assurez-vous que les gouttières et les descentes pluviales sont propres et en bon état de fonctionnement pour évacuer efficacement l'eau loin de votre maison. Vérifiez également que les évents de ventilation sont dégagés pour favoriser la circulation de l'air et prévenir l'accumulation d'humidité.

Élagage des arbres et des plantes : Taillez les arbres, les arbustes et les plantes qui pourraient frotter contre les murs de votre maison, car cela peut endommager le revêtement extérieur et favoriser l'accumulation d'humidité. Assurez-vous également de garder une distance suffisante entre les plantations et les murs pour permettre une bonne circulation de l'air.

Protection contre les ravageurs : Inspectez régulièrement les murs extérieurs de votre maison à la recherche de signes d'infestation par des insectes, des rongeurs ou d'autres ravageurs. Scellez les fissures et les ouvertures pour empêcher l'accès des nuisibles à l'intérieur de votre maison.

En suivant ces conseils d'entretien extérieur, vous pouvez protéger efficacement vos murs contre les éléments, prévenir les dommages causés par l'humidité et maintenir l'apparence et la valeur de votre propriété.

Protection des murs

Pour protéger efficacement les murs de votre maison, voici quelques mesures importantes à prendre en compte :

Étanchéité : Assurez-vous que les murs sont correctement scellés pour empêcher l'infiltration d'eau, d'air et d'humidité. Scellez les fissures, les joints et les ouvertures autour des fenêtres, des portes et des autres ouvertures pour éviter les infiltrations.

Isolation : Une isolation adéquate des murs peut aider à réduire les pertes de chaleur en hiver et à maintenir la fraîcheur en été. Assurez-vous que vos murs sont bien isolés pour améliorer l'efficacité énergétique de votre maison et réduire vos coûts de chauffage et de climatisation.

Revêtements extérieurs : Choisissez des revêtements extérieurs durables et résistants aux intempéries pour protéger les murs contre les dommages causés par l'eau, le vent et le soleil. Entretenez régulièrement ces revêtements pour prolonger leur durée de vie et maintenir l'apparence de votre maison.

Entretien régulier : Effectuez régulièrement des inspections des murs pour repérer tout signe de dommages ou de détérioration. Réparez rapidement les problèmes identifiés pour éviter qu'ils ne s'aggravent et ne causent des dommages plus importants.

Gestion des eaux pluviales : Assurez-vous que les systèmes de drainage autour de votre maison sont en bon état de fonctionnement pour évacuer efficacement l'eau loin des murs. Installez des gouttières, des descentes pluviales et des systèmes de drainage souterrains si nécessaire pour prévenir les problèmes d'humidité.

Protection contre les dommages mécaniques : Protégez les murs contre les dommages causés par les chocs, les impacts et les vibrations en installant des pare-chocs, des garde-corps ou d'autres dispositifs de protection le long des zones à risque, comme les escaliers et les zones de stationnement.

Contrôle des problèmes structurels

Le contrôle des problèmes structurels est crucial pour assurer la solidité et la sécurité de votre maison. Voici quelques mesures à prendre pour contrôler les problèmes structurels :

Inspection régulière : Effectuez des inspections régulières de votre maison pour repérer tout signe de problèmes structurels, tels que des fissures dans les murs, des déformations dans les plafonds ou les planchers, des affaissements des fondations, etc.

Surveillance des fondations : Vérifiez régulièrement l'état des fondations de votre maison pour détecter tout signe d'affaissement, de fissuration ou d'instabilité.

Renforcement structurel : Si votre maison présente des faiblesses structurelles, envisagez des mesures de renforcement telles que l'installation de poutres de renforcement, de poteaux de soutien ou de raidisseurs structurels pour renforcer la structure existante.

Réparation des fissures : Réparez rapidement les fissures dans les murs, les planchers et les plafonds pour éviter qu'elles ne s'aggravent et ne compromettent l'intégrité structurelle de votre maison. Utilisez des méthodes de réparation appropriées en fonction de la taille et de la gravité des fissures.

Contrôle de l'humidité : L'humidité excessive peut causer des problèmes structurels tels que la pourriture du bois, la corrosion des métaux et la formation de moisissures. Assurez-vous que votre maison est correctement ventilée et protégée contre les infiltrations d'eau pour prévenir les dommages liés à l'humidité.

Entretien préventif : Effectuez régulièrement l'entretien préventif de votre maison, y compris le nettoyage des gouttières, la réparation des fuites de toiture, le scellement des fissures et des joints, et la maintenance des systèmes de drainage pour prévenir les problèmes structurels.

Conclusion

Maintenir les murs de votre maison en bon état est essentiel pour garantir sa solidité, sa sécurité et son esthétique. Voici un récapitulatif des principales étapes pour réparer efficacement vos murs :

Évaluation des dommages : Identifiez les fissures, trous ou décolorations et déterminez leur cause sous-jacente, comme l'humidité ou les mouvements structurels.

Choix des matériaux et outils : Sélectionnez les produits adaptés à chaque type de réparation, tels que le mastic, le plâtre ou les bandes de calfeutrage.

Préparation de la surface : Nettoyez et préparez la zone en éliminant toute poussière ou débris et appliquez un apprêt si nécessaire pour une meilleure adhérence.

Réparation des dommages : Appliquez les matériaux de réparation en suivant les recommandations du fabricant pour un résultat homogène et durable.

Finition et peinture : Lissez, poncez si besoin, puis appliquez une peinture ou un revêtement protecteur pour améliorer l'apparence et la résistance des murs.

En intervenant rapidement dès l'apparition des premiers signes de détérioration, vous éviterez des réparations plus lourdes et préserverez l'intégrité de votre maison. Ne laissez pas les petits problèmes s'aggraver : agissez dès maintenant pour protéger et valoriser votre habitation.